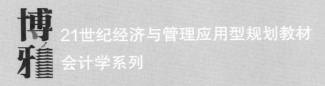

21世纪经济与管理应用型规划教材

会计学系列

《会计学基础》学习指导与实训（第三版）

Study Guide & Practical Training for Accounting Basics

3rd edition

臧红文　　　　主　编
张园园　倪秀丽　副主编

图书在版编目(CIP)数据

《会计学基础》学习指导与实训/臧红文主编. —3 版. —北京：北京大学出版社，2020.7
21 世纪经济与管理应用型规划教材·会计学系列
ISBN 978-7-301-31342-8

Ⅰ.①会… Ⅱ.①臧… Ⅲ.①会计学—高等学校—教学参考资料 Ⅳ.①F230

中国版本图书馆 CIP 数据核字(2020)第 104111 号

书　　　名	《会计学基础》学习指导与实训（第三版）
	《KUAIJIXUE JICHU》 XUEXI ZHIDAO YU SHIXUN(DI-SAN BAN)
著作责任者	臧红文　主编
责 任 编 辑	任京雪　徐　冰
标 准 书 号	ISBN 978-7-301-31342-8
出 版 发 行	北京大学出版社
地　　　址	北京市海淀区成府路 205 号　100871
网　　　址	http://www.pup.cn
微信公众号	北京大学经管书苑（pupembook）
电 子 信 箱	em@pup.cn
电　　　话	邮购部 010-62752015　发行部 010-62750672　编辑部 010-62752926
印 刷 者	天津中印联印务有限公司
经 销 者	新华书店
	787 毫米×1092 毫米　16 开本　11 印张　234 千字
	2010 年 6 月第 1 版　2014 年 9 月第 2 版
	2020 年 7 月第 3 版　2020 年 7 月第 1 次印刷
定　　　价	24.00 元

未经许可，不得以任何方式复制或抄袭本书之部分或全部内容。
版权所有，侵权必究
举报电话：010-62752024　电子信箱：fd@pup.pku.edu.cn
图书如有印装质量问题，请与出版部联系，电话：010-62756370

丛书出版前言

《国家中长期教育改革和发展规划纲要(2010—2020年)》指出,目前我国高等教育还不能完全适应国家经济社会发展的要求,学生适应社会和就业创业能力不强,创新型、实用型、复合型人才紧缺。所以,在此背景下,北京大学出版社响应教育部号召,在整合和优化课程、推进课程精品化与网络化的基础上,积极构建与实践接轨、与研究生教育接轨、与国际接轨的本科教材体系,特策划出版"21世纪经济与管理应用型规划教材"。

"21世纪经济与管理应用型规划教材"注重系统性与综合性,注重加强学生分析能力、人文素养及应用性技能的培养。本系列包含三类课程教材:通识课程教材,如《大学生创业指导》等,着重于提高学生的全面素质;基础课程教材,如《经济学原理》《管理学基础》等,着重于培养学生建立宽厚的学科知识基础;专业课程教材,如《组织行为学》《市场营销学》等,着重于培养学生扎实的学科专业知识以及动手能力和创新意识。

本系列教材在编写中注重增加相关内容以支持教师在课堂中使用先进的教学手段和多元化的教学方法,如用课堂讨论资料帮助教师进行启发式教学,增加案例及相关资料引发学生的学习兴趣等;并坚持用精品课程建设的标准来要求各门课程教材的编写,力求配套多元的教辅资料,如电子课件、习题答案和案例分析要点等。

为使本系列教材具有持续的生命力,我们每隔三年左右会对教材进行一次修订。我们欢迎所有使用本系列教材的师生给我们提出宝贵的意见和建议(我们的电子邮箱是em@pup.cn),您的关注就是我们不断进取的动力。

在此,感谢所有参与编写和为我们出谋划策提供帮助的专家学者,以及广大使用本系列教材的师生,希望本系列教材能够为我国高等院校经管专业的教育贡献绵薄之力。

北京大学出版社
经济与管理图书事业部

第三版前言

《〈会计学基础〉学习指导与实训》是北京大学出版社"21世纪经济与管理应用型规划教材·会计学系列"示范教材《会计学基础》的辅助教材。本教材第一版自2010年6月出版以来,承蒙读者的厚爱,取得了良好的发行效果。在此,对给予本教材大力支持和帮助的各校师生表示感谢。

自第二版2014年9月修订出版以来,我国企业会计准则、税法等相关法规和制度发生了较大的变化。教材的生命力在于与时俱进,以适应环境的持续变化、满足读者的需要。据此,在北京大学出版社的支持下,我们在保持原教材特色的基础上,对本教材进行了进一步的修订和完善。具体如下:

(1) 对教材中同步练习、单元检测等所涉及的经济业务进行了较大修改,修改后的内容更加完整、准确,更加贴近实际;

(2) 对部分实训内容进行了修改;

(3) 对实训附件涉及的原始凭证进行了较大修改,修改后的原始凭证更加贴近实际。

第三版由青岛大学臧红文担任主编,张园园、倪秀丽担任副主编。具体分工如下:臧红文编写同步练习一、二、三,第一、二、三单元的单元小结以及单元检测一;张园园编写同步练习四、五以及实训三;柏春红编写同步练习六、七以及单元检测三;倪秀丽编写单元检测二,实训一、二;李宜强编写同步练习八;综合检测题由臧红文、张园园、倪秀丽、柏春红、朱琳、李宜强共同编写。臧红文对第三版作了修改、总纂。城阳职教中心的马明老师在我们编写实训附件的过程中给予了极大的帮助,在此表示衷心的感谢。

第三版在修订过程中参考了许多会计教材和相关的文献资料,在此表示衷心的感谢。由于编者水平有限,教材中疏漏之处在所难免,敬请读者批评指正,我们将继续完善。

编者
2020年5月

第二版前言

《〈会计学基础〉学习指导与实训》是北京大学出版社"21世纪经济与管理应用型规划教材·会计学系列"示范教材《会计学基础》的辅助教材。本教材第一版自2010年6月出版以来,承蒙读者的厚爱,取得了良好的发行效果。

教材的生命力在于与时俱进,以适应环境的持续变化、满足读者的需要。据此,在北京大学出版社的支持下,我们在保持原教材特色的基础上,对本教材进行了进一步的修订和完善。

(1) 对教材中同步练习、单元检测等所涉及的经济业务进行了较大修改,修改后的内容更加完整、准确,更加贴近实际。

(2) 用两套最新的综合检测题替换了原来的综合检测题,修改后的综合检测题添加了双语检测,内容更加丰富、饱满。

(3) 对部分实训内容进行了修改。

第二版由青岛大学臧红文担任主编,柏春红、倪秀丽担任副主编。具体分工如下:臧红文编写同步练习一、二、三,第一、二、三单元的单元小结以及单元检测一;柏春红编写同步练习四、五、六、七,单元检测三以及实训三;倪秀丽编写单元检测二,实训一、二;李宜强编写同步练习八;综合检测题由臧红文、倪秀丽、朱琳、李宜强、王晓琳共同编写。臧红文对第二版作了修改、总纂。

第二版在修订过程中参考了许多会计教材和相关的文献资料,在此表示衷心的感谢。由于编者水平有限,教材中疏漏之处在所难免,敬请读者批评指正,我们将继续完善。

编者

2014年6月

第一版前言

应用型本科教育既是一种专业性通才教育,它关注学生系统、扎实的基础理论知识的学习与储备,又是一种以能力为本的教育,尤其注重对学生能力的培养与训练。基于这一培养目标,应用型本科教材建设应有别于普通本科,更加强调应用性、实践性和创新性。本书是"21世纪经济与管理应用型规划教材·会计学系列"《会计学基础》的辅助用书。其主要特点是:

第一,配套练习内容丰富,层层深入,具有很强的指导性。本书不仅仅是简单的习题的编写,而是在教材的基础上,对教材内容作的进一步整理、归纳、提升。书中的同步练习是对教材每章重要知识点的检验;三个单元小结则分别以不同的形式对教材中的单元内容进行归纳和总结,对教师的教学总结和学生的学习总结均有很好的指导与帮助。另外,在单元小结的同时,还配套有单元检测以及综合检测,将各单元知识点和整本教材的知识点进行了有效的链接。

第二,突出实训,强化技能。会计学是一门应用性很强的学科,学生通过"基础会计"课程的学习,应该对"会计"有一个全方位的认知,仅仅掌握会计的理论知识是远远不够的。书中的单项实训和综合实训均提供企业实际业务涉及的原始凭证,学生可以剪裁下来,亲自演练真实的凭证、账簿和报表的编制,检测会计技能的掌握程度,为后续的课程学习奠定坚实的基础,也使实践教学有效地融合在课堂教学中。

本书由五个部分构成。**第一部分,同步练习**。此部分内容主要是对应教材各章节重要知识点进行练习。**第二部分,单元小结及检测**。此部分内容对应教材内容,共分为三个单元;第一单元是会计的基本理论,主要是对教材第一章、第二章、第三章的内容进行总结;第二单元是会计的基本业务,主要是对教材第四章、第五章的内容进行总结;第三单元是会计的基本技能,主要是对教材第六章、第七章、第八章、第九章、第十章的内容进行总结。在单元小结的基础上,还分别针对各单元主要知识点,以单项选择题、多项选择题、判断题、业务分析题等形式命题,旨在让学生通过单元检测掌握各单元的学习重点和难点。**第三部分,实训**。此部分内容以会计技能训练为重点,对应教材有关内容,提供有关原始资料,提出实践的具体目标,学生通过动手操作,可以检测自己会计技能的掌握程度,为后续的课程学习奠定坚实的基础。此部分共有三个实训:实训一是单项实训,练习收款凭证、付款凭证的填制和日记账的登记;实训二是单项实训,练习转账凭证的填制和总分类账的登记;实训三是综合实训,练习记账凭证的填制、科目汇总表的编制、总分类账的登记、利润表和资产负债表的编制。**第四部分,综合检测**。此部分内容是通过两套完整的检测题将基础会计的学习重点和难点体现出来,旨在让学生通过检测将所学知识有效地链接起来并能灵活运用。**第五部分,实训附表**。此部分内容是第三部分实训内容所涉及的各种凭证、账簿、报表的汇总。

本书由青岛大学的臧红文担任主编,柏春红、倪秀丽担任副主编。具体分工如下:臧红文编写同步练习一、二、三,第一、二、三单元的单元小结以及单元检测一;柏春红编写同步练习四、五、六、七,单元检测三以及实训三;倪秀丽编写单元检测二,实训一、二;李宜强编写同步练习八;综合检测题由臧红文、倪秀丽、王爱竹、牛峰共同编写。臧红文对全书作了修改、总纂。

本书既可以作为高等院校会计类、经济类、管理类专业的辅助用书,也可以作为广大财会人员、管理工作者的学习资料以及会计专业教育工作者的辅助参考书。

本书无论在编写内容上还是在编写体例上均作了新的尝试,但由于编者的水平和实践经验有限,书中难免存在疏漏之处,恳请读者批评指正,我们将在修订版中予以更正。

编者
2010 年 3 月

目　录

第一部分　同步练习 …………………………………………………………… 1

　　同步练习一　会计核算基础 ………………………………………………… 3
　　同步练习二　账户与复式记账 ……………………………………………… 6
　　同步练习三　账户与复式记账应用 ………………………………………… 8
　　同步练习四　会计凭证 …………………………………………………… 12
　　同步练习五　会计账簿 …………………………………………………… 14
　　同步练习六　财产清查 …………………………………………………… 16
　　同步练习七　财务报告 …………………………………………………… 17
　　同步练习八　账务处理程序 ……………………………………………… 19

第二部分　单元小结及检测 …………………………………………………… 21

第一单元　会计的基本理论 …………………………………………………… 23
　　单元小结 …………………………………………………………………… 23
　　单元检测一 ………………………………………………………………… 26

第二单元　会计的基本业务 …………………………………………………… 34
　　单元小结 …………………………………………………………………… 34
　　单元检测二 ………………………………………………………………… 40

第三单元　会计的基本技能 ································· 46
单元小结 ··· 46
单元检测三 ··· 50

第三部分　实训 ··· 59

实训一　收款凭证、付款凭证的填制和日记账的登记 ······ 61
实训二　转账凭证的填制和总分类账的登记 ············ 63
实训三　综合实训 ··· 65

第四部分　综合检测 ······································· 69

综合检测题一 ··· 71
综合检测题二 ··· 78

第五部分　实训附表 ······································· 85

实训一　附表 ·· 87
实训二　附表 ·· 103
实训三　附表 ·· 119

第一部分

同步练习

同步练习一　会计核算基础

1. **目的**：掌握会计假设、会计基础、会计信息质量要求的辨析。

资料：甲企业由张辛、王然、李建共同投资设立，最近发生了下列经济业务，并由会计作了相应的处理：

（1）4月10日，张辛从企业出纳处拿了500元现金给自己孩子买玩具，会计将500元记为企业的办公费支出。

（2）4月15日，会计将4月1日至15日的收入、费用汇总后计算出半个月的利润，并编制了财务报表。

（3）4月20日，企业收到某外资企业支付的业务咨询费1 000美元，会计没有将其折算为人民币反映，而直接记到美元账户中。

（4）4月30日，企业收到乙公司预付的货款，会计将其作为4月份的收入处理。

（5）4月30日，企业采用年数总和法计提固定资产折旧，而此前计提折旧均采用直线法。

（6）4月30日，企业在编制对外报表时，"应收账款"为100万元，但没有"坏账准备"项目。

要求：根据上述资料，分析甲企业的会计在处理这些经济业务时是否正确。

2. **目的**：熟悉与掌握各项会计要素的具体内容。

资料：甲公司有下列项目：库存现金、银行存款、实收资本、应收账款、应付账款、短期借款、原材料、库存商品、固定资产、主营业务收入、管理费用、主营业务成本、盈余公积、预收账款、预付账款、所得税费用、营业外收入、未分配利润、财务费用、应交税费、无形资产。

要求：根据上述资料，分别列式资产类、负债类、所有者权益类、收入类、费用类项目。

3. **目的**：掌握会计等式。

资料：万达公司2019年期初及期末的资产总额及负债总额如下表所示：

万达公司2019年期初及期末的资产总额及负债总额　　　　单位：万元

项目	期初	期末
资产	140	152
负债	70	57

要求：根据下列三种情况，分别计算该公司本年度的有关数据：

（1）本年度股东投资不变，费用为15万元，试问本年度利润和收入各是多少？

（2）如果年度中增加投资12万元，则利润是多少？

（3）如果年度中返还投资12万元，但又增加投资18万元，则利润是多少？

4. **目的**：熟悉会计要素之间的相互关系。

资料：假设某企业12月31日资产、负债和所有者权益的状况如下表所示：

资产、负债和所有者权益表　　　　　　　　单位：元

资产	金额	负债及所有者权益	金额
库存现金	1 500	短期借款	10 000
银行存款	26 500	应付账款	30 000
应收账款	23 000	应交税费	11 000
原材料	64 000	长期借款	B
固定资产	200 000	实收资本	240 000
无形资产	A	资本公积	23 000
合计	375 000	合计	C

要求：根据表中数据回答：

（1）表中应填的数据为：

A. ＿＿＿＿＿＿＿＿＿＿＿＿；

B. ＿＿＿＿＿＿＿＿＿＿＿＿；

C. ＿＿＿＿＿＿＿＿＿＿＿＿。

（2）计算该企业的流动资产总额。

（3）计算该企业的负债总额。

（4）计算该企业的净资产总额。

5. **目的**：掌握经济业务类型及其对会计等式的影响。

资料：甲公司2019年10月31日的资产负债表显示资产总计375 000元，负债总计112 000元，该公司2019年11月发生如下经济业务：

（1）用银行存款购入全新设备一台，价值90 000元。

（2）投资者投入原材料，价值60 000元。

（3）以银行存款偿还所欠供应单位账款20 000元。

（4）收到购货单位前欠账款7 000元，存入银行。

（5）将一笔长期负债80 000元转化为债权人对企业的投资。

（6）将资本公积100 000元转增资本金。

要求：

（1）根据11月发生的经济业务，分析说明引起会计要素变化的因素。

（2）计算甲公司11月末的资产总额、负债总额和所有者权益总额。

6. **目的**：掌握权责发生制与收付实现制的运用。

资料：某企业7月发生如下经济业务：

（1）销售产品30 000元，货款存入银行。

（2）销售产品 200 000 元，货款尚未收到。
（3）预付 7—12 月的租金 12 000 元。
（4）收到上月应收的销货款 40 000 元。
（5）收到购货单位预付的货款 30 000 元，下月交货。
（6）本月应付水电费 600 元，下月支付。

要求：根据上述经济业务内容，按权责发生制和收付实现制原则计算企业 7 月的收入和费用并填入下表。

企业本月收入和费用

业务号	权责发生制		收付实现制	
	收入	费用	收入	费用
（1）				
（2）				
（3）				
（4）				
（5）				
（6）				

同步练习二　账户与复式记账

1. **目的**：练习账户的分类。

   要求：请将下面账户的序号填在横线上。

   （1）长期借款　　（2）盈余公积　　（3）预付账款　　（4）固定资产
   （5）生产成本　　（6）实收资本　　（7）制造费用　　（8）主营业务收入
   （9）预收账款　　（10）管理费用　　（11）应付账款　　（12）投资收益

   A. 资产类_____　　　　E. 成本类_____

   B. 负债类_____　　　　F. 增加记借方_____

   C. 所有者权益类_____　　　　G. 增加记贷方_____

   D. 损益类_____　　　　H. 有余额的账户_____

2. **目的**：练习账户的结构及账户金额的计算方法。

   要求：根据借贷记账法的账户数量关系填空。

   企业各账户金额　　　　　　　　　　　　　　　　　　　　单位：元

账户	期初余额	借方发生额	贷方发生额	期末余额
银行存款	A	210 800	49 700	201 000
应收账款	1 400	B	30 600	7 600
库存商品	61 000	34 000	C	42 000
应付职工薪酬	3 000	D	6 300	4 000
实收资本	E	0	100 000	650 000
主营业务收入	0	1 000	F	45 000
销售费用	0	900	0	G

3. **目的**：练习账户的对应关系及会计分录的编制。

   资料：某企业2020年1月各账户期初余额如下表所示：

   总分类账账户余额表
   2020年1月1日　　　　　　　　　　　　　　　　　　　　　　单位：元

账户	借方余额	贷方余额
库存现金	1 200	
银行存款	221 500	
应收账款	40 000	
库存商品	260 000	
固定资产	219 600	
应付账款		75 000
应付职工薪酬		16 700
实收资本		550 000
盈余公积		100 600

1月发生如下经济业务：

（1）月初从银行借入3个月的资金150 000元，存入开户银行。

（2）从银行提取现金16 700元，用于发放工资。

（3）向职工支付上月工资。

（4）收到投资者投入的资金300 000元，存入开户银行。

（5）赊购设备一台，价值360 000元。

（6）用银行存款偿还前欠货款55 000元。

（7）购入商品总价为89 000元，80%为赊购，其余以银行存款支付。

（8）本月售出商品总价为290 000元，40%为赊销，其余为现销，已收到转账支票。

要求：

（1）编制上述经济业务的会计分录。

（2）计算各个账户的本期发生额和期末余额。

（3）编制试算平衡表。

4．**目的：** 练习总分类账户与明细分类账户的平行登记。

资料： 东方公司2020年1月31日"原材料"和"应付账款"账户有关资料如下表所示：

东方公司2020年1月31日"原材料"和"应付账款"账户资料

总分类账户	明细分类账户
原材料（借）400 000元	甲材料（借）240 000元
	乙材料（借）40 000元
	丙材料（借）120 000元
应付账款（贷）100 000元	A公司（贷）60 000元
	B公司（贷）40 000元

该公司2月发生下列经济业务（不考虑增值税）：

（1）以银行存款偿还前欠A公司货款30 000元。

（2）购进甲材料200千克，单价150元，以银行存款支付，材料入库。

（3）生产车间向仓库领用材料一批，其中甲材料400千克，单价150元；乙材料200千克，单价100元；丙材料500千克，单价120元。

（4）用银行存款偿还前欠B公司货款20 000元。

（5）向B公司购入丙材料300千克，单价120元，材料入库，货款暂欠。

（6）向A公司购入乙材料200千克，单价100元，材料入库，货款暂欠。

要求：

（1）根据上述经济业务编制会计分录。

（2）开设"原材料"和"应付账款"总分类账及其所属明细分类账，并进行登记，结出本期发生额和期末余额。

（3）编制"原材料"和"应付账款"明细分类账户本期发生额及其余额表，并分别与"原材料"和"应付账款"总分类账进行核对。

同步练习三　账户与复式记账应用

1. **目的**:练习筹资业务的会计核算。

资料:某公司2019年12月发生如下经济业务:

(1) 2日,收到发达公司投资100 000元,存入银行。

(2) 8日,收到大力公司投入的设备一台,设备估价140 000元。

(3) 10日,自银行取得期限为3个月的借款400 000元存入银行。

(4) 假设上述借款年利率为6%,计算确认本月的借款利息。

(5) 20日,用银行存款80 000元偿还到期的银行临时借款。

要求:根据上述经济业务编制会计分录。

2. **目的**:练习供应过程的会计核算。

资料:某公司2019年12月发生如下经济业务:

(1) 2日,购入生产用不需要安装的设备一台,取得增值税专用发票,买价150 000元,增值税19 500元;另付运杂费2 500元、保险费1 500元,取得增值税普通发票。全部款项已用银行存款支付,设备投入使用。

(2) 3日,购入生产用需要安装的设备一台,取得增值税专用发票,买价250 000元,增值税32 500元。另付运杂费2 000元,取得增值税普通发票;进行设备安装时,支付安装公司安装费3 500元,取得增值税普通发票。上述款项均已用银行存款支付,设备安装完毕,达到可使用状态。

(3) 4日,购入A材料一批,取得增值税专用发票,价款60 000元,增值税7 800元;运输途中发生运费400元、保险费200元,取得增值税普通发票。材料已验收入库,款项尚未支付。

(4) 5日,购入B材料1 000千克,单价5元,C材料2 000千克,单价10元,取得增值税专用发票,增值税税率为13%,公司开出一张期限为3个月的商业承兑汇票。

(5) 12日,购入B、C两种材料,共发生采购费用600元,取得增值税普通发票,已由银行存款支付(采购费用按外购材料的重量标准进行分配)。

(6) 15日,上述B、C材料验收入库,按实际成本结转。

(7) 30日,以银行存款偿还前欠的购入A材料的款项。

要求:根据上述经济业务编制会计分录。

3. **目的**:练习生产过程的会计核算。

资料:某公司2019年12月发生如下经济业务:

(1) 6日,生产甲、乙两种产品直接领用材料如下表所示。

材料领用情况

产品	产量(件)	领用材料	数量(千克)	金额(元)
甲产品	100	A 材料	2 000	20 200
乙产品	50	B 材料	1 000	5 200

(2) 6 日,生产甲、乙两种产品共耗用 C 材料 9 000 元(按产品的产量比例进行分配),车间一般耗用 2 700 元,厂部一般耗用 600 元。

(3) 9 日,向银行提取现金 45 000 元,以备发放工资。

(4) 9 日,以库存现金支付本月工资 45 000 元。

(5) 29 日,以银行存款支付本月车间照明用电 1 100 元,厂部照明用电 240 元。

(6) 31 日,按规定计提本月固定资产折旧 5 800 元,其中车间固定资产折旧 4 400 元,厂部固定资产折旧 1 400 元。

(7) 31 日,结转本月应付工资 45 000 元,其用途如下:甲产品生产工人工资 21 000 元,乙产品生产工人工资 15 000 元,车间管理人员工资 2 600 元,厂部管理人员工资 6 400 元。

(8) 31 日,将本月发生的制造费用按照生产工人的工资比例分配计入甲、乙两种产品的成本。

(9) 31 日,本月投产的甲、乙两种产品全部完工,结转完工产品的成本。

要求:根据上述业务编制会计分录和制造费用分配表。

4. **目的**:练习销售过程的会计核算。

资料:某公司 2019 年 12 月发生如下经济业务:

(1) 20 日,销售甲产品 400 件,每件售价 800 元,开出增值税专用发票,货款 320 000 元,增值税 41 600 元,款项已收回。

(2) 24 日,销售甲产品 500 件,每件售价 800 元,开出增值税专用发票,货款 400 000 元,增值税 52 000 元,款项尚未收到。

(3) 25 日,以银行存款支付产品广告费 1 200 元,取得增值税普通发票。

(4) 26 日,销售 A 材料一批,开出增值税专用发票,售价 10 000 元,增值税 1 300 元,收到期限为 3 个月面值为 11 300 元的商业承兑汇票一张。

(5) 30 日,收到前欠款 452 000 元。

(6) 31 日,结转本月已销售甲产品 900 件的实际成本(单位生产成本为 535 元)。

(7) 31 日,结转本月已售 A 材料成本 8 000 元。

(8) 31 日,结转本月应交城市维护建设税 2 229.50 元,教育费附加 955.50 元。

要求:根据以上经济业务编制会计分录。

5. **目的**:练习利润形成和分配的会计核算。

资料:某公司 2019 年 12 月发生如下经济业务:

(1) 7 日,接到银行通知,因购货单位延期承付货款,按合同规定,收到延期付款的滞纳金800元。

(2) 10日,开出支票向老人院捐赠20 000元。

(3) 31日,将本月发生的各项收入、费用转入"本年利润"账户。

(4) 31日,按25%的所得税税率计算应交的所得税。

(5) 31日,将"所得税费用"账户发生额转入"本年利润"账户。

(6) 31日,将本月实现的净利润转入"利润分配"账户。

(7) 31日,分别按净利润的10%和5%提取法定盈余公积和任意盈余公积。

(8) 31日,根据投资协议,公司按净利润的40%向投资者进行分配。

(9) 31日,结转"利润分配"账户所属明细分类账户。

要求:根据以上经济业务编制会计分录。

6. **目的**:练习综合业务的会计核算。

资料:某公司2019年12月发生如下经济业务:

(1) 1日,购入一台不需要安装的设备,取得增值税专用发票,买价72 000元,增值税税率为13%;发生运杂费1 200元,取得增值税普通发票。全部款项已通过银行存款支付。

(2) 3日,购入甲材料一批,取得增值税专用发票,货款10 000元,增值税1 300元,款项已通过银行存款支付,材料已验收入库。

(3) 4日,厂办购买办公用品200元,取得增值税专用发票,以库存现金支付。

(4) 6日,收到罚款收入1 000元,存入银行。

(5) 8日,从海望公司购入乙材料一批,取得增值税专用发票,货款250 000元,增值税32 500元。材料已验收入库,款项尚未支付。

(6) 9日,采购员王涛因公出差预借差旅费800元。

(7) 10日,仓库发出材料一批,名称、数量、金额和用途如下表所示。

材料耗用汇总表

用途		甲材料			乙材料			合计(元)
		数量(千克)	单价(元/千克)	金额(元)	数量(千克)	单价(元/千克)	金额(元)	
生产产品耗用	A产品	400	10	4 000	800	100	80 000	84 000
	B产品	300	10	3 000	690	100	69 000	72 000
车间一般耗用		100	10	1 000				1 000
管理部门耗用		20	10	200				200
合计		820	—	8 200	1 490	—	149 000	157 200

(8) 12日,以银行存款支付广告费3 000元,取得增值税普通发票。

(9) 18日,向希望工程捐款2 000元,以银行存款支付。

(10) 20日,销售A产品1 000件,单价200元,开出增值税专用发票,货款200 000元,增值税26 000元。货物已发出,款项已收到并存入银行。

（11）22 日,从银行提取现金 240 400 元并发放职工工资。

（12）23 日,向华正公司销售 B 产品 1 000 件,单价 100 元,开出增值税专用发票,货款 100 000 元,增值税 13 000 元。货物已发出,款项尚未收到。

（13）27 日,销售给华丰公司乙材料 800 千克,开出增值税专用发票,货款 100 000 元,增值税 13 000 元。收到期限为 3 个月、票面金额为 113 000 元的银行承兑汇票一张。

（14）28 日,采购员王涛出差归来报销差旅费 680 元,余款 120 元以现金收回。

（15）29 日,收到华正公司前欠款 113 000 元,存入银行。

（16）31 日,结算本月应付职工的工资 240 400 元,其中生产 A 产品工人工资 104 000 元,生产 B 产品工人工资 96 000 元,车间管理人员工资 20 000 元,厂部管理人员工资 20 400 元。

（17）31 日,根据实际情况,确认本月职工福利费,其中 A 产品生产工人 10 400 元,B 产品生产工人 9 600 元,车间管理人员 2 000 元,厂部管理人员 2 040 元。

（18）31 日,按规定计提本月固定资产折旧 25 780 元,其中生产车间固定资产折旧 17 000 元,厂部固定资产折旧 8 780 元。

（19）31 日,将本月发生的制造费用按本月发生的生产工人的工资比率分配计入 A、B 两种产品成本。

（20）31 日,结转完工产品总成本,其中 A 产品 2 000 件、B 产品 3 000 件,完工成本分别是 219 200 元和 196 800 元。

（21）31 日,按本月应缴增值税的 7% 提取城市维护建设税 618.80 元,按 3% 提取教育费附加 265.20 元。

（22）31 日,结转本月已售产品的成本(A 产品单位成本 109.60 元,B 产品单位成本 65.60 元)。

（23）31 日,结转本月已售材料成本 80 000 元。

（24）31 日,计提本月短期借款利息 800 元。

（25）31 日,以银行存款支付本季度借款利息 2 400 元。

（26）31 日,按 25% 的税率计算本月应交的所得税。

（27）31 日,将本月损益类账户金额转入"本年利润"账户。

（28）31 日,年终结转全年实现净利润(假定 1—11 月已实现净利润 1 119 888 元)

（29）31 日,按照本年净利润的 10% 提取法定盈余公积。

（30）31 日,宣告向投资者分配现金股利 300 000 元。

（31）31 日,年终结转全年已分配利润。

要求:根据以上经济业务编制会计分录。

同步练习四　会　计　凭　证

1. **目的**:掌握会计凭证的编制。

资料:某公司 2019 年 8 月发生如下材料收发业务:

（1）5 日,赊购甲材料 1 000 千克,单价 50 元;赊购乙材料 400 千克,单价 100 元。两种材料均已验收入库。

（2）8 日,生产 A、B 两种产品的车间领用燃料 10 吨,成本 80 000 元。

（3）10 日,生产 A 产品领用甲材料 400 千克、乙材料 100 千克,生产 B 产品领用甲材料 200 千克、乙材料 200 千克。

（4）20 日,收到投资者投入的甲材料 2 000 千克,价值 100 000 元,已验收入库。

（5）23 日,行政管理部门领用甲材料 50 千克。

（6）28 日,购入乙材料 200 千克,单价 100 元,已验收入库。

要求:

（1）根据上述资料,编制收料汇总表和发料汇总表。

（2）根据收料汇总表和发料汇总表编制记账凭证。

2. **目的**:掌握原始凭证的类型。

资料:

（1）用银行存款购买商品。

（2）预借差旅费。

（3）所购商品验收入库。

（4）计算职工工资。

（5）用现金购买办公用品。

（6）计提固定资产折旧。

（7）销售商品,收到转账支票,存入银行。

要求:说明与上述经济业务相关的原始凭证。

3. **目的**:掌握记账凭证的类型。

资料:某公司 2019 年 9 月发生如下经济业务:

（1）1 日,销售货款 5 000 元存入银行。

（2）3 日,从银行提取现金 10 000 元。

（3）4 日,以银行存款支付甲材料购货款 20 000 元。

（4）10 日,采购员预借差旅费 2 000 元,财务处以现金付讫。

（5）16 日,以现金支付运杂费 800 元。

（6）20 日,产品生产完工,验收入库,成本 15 000 元。

（7）销售产品一批,价款 10 000 元,款项尚未收到。

要求：

（1）根据上述经济业务编制会计分录并指明应填写的收款凭证、付款凭证、转账凭证。

（2）说明上述记账凭证后应附有哪些原始凭证。

4．**目的**：掌握会计凭证的传递与保管。

资料：

（1）销售和现金收入业务。

（2）购货和现金支出业务。

（3）生产业务。

（4）工资结算和支付业务。

（5）对外投资业务。

要求：调查一家企业在上述业务中相关会计凭证的种类和传递过程。

同步练习五 会计账簿

1．目的：练习错账的更正方法。

资料：某企业2019年9月查账时发现下列错账：

（1）从银行提取现金3 400元，记账凭证没有错误，过账时错将账簿金额记为4 300元。

（2）用银行存款5 000元购入5部小型计算器，查账时发现凭证与账簿均记为：

借：固定资产　　　　　　　　　　　　　　　　　　　　　5 000
　　贷：银行存款　　　　　　　　　　　　　　　　　　　　5 000

（3）以银行存款偿还短期借款40 000元，查账时发现凭证与账簿中的科目没有记错，但金额均记为400 000元。

（4）将一部分盈余公积金按规定程序转为实收资本，查账时发现凭证与账簿均将金额少计72 000元。

要求：按正确方法更正以上错账。

2．目的：练习账簿的启用和登记等内容。

资料：2019年12月9日，洪峰公司的陈洁(此前，陈洁于2019年7月1日任出纳岗位，当时的财务负责人为徐风，此前的出纳人员为谢江)被调离了出纳岗位，接任材料会计工作，新接任出纳工作的是王冬，前任材料会计为吴涛。陈洁和吴涛对各自的原工作作了他们认为必要的处理，并办理了交接手续，办理完交接手续后库存现金日记账和材料明细账的扉页及相关账页资料如下：

（1）库存现金日记账扉页

账簿启用及经管人员一览表

单位名称		洪峰公司				印章					
账簿名称		库存现金日记账(第1册)									
账簿编号						洪峰公司 财务专用章					
账簿页数		本账簿自壹页起至壹佰页止共壹佰页									
启用日期		公元2019年1月1日									
经管人员	部门负责人		会计主管		复核			记账			
	姓名	签章	姓名	签章	姓名		签章	姓名		签章	
交接记录	经管人员				接管			交出			
	职别		姓名		年	月	日	签章	年	月	日	签章
			陈洁		2019	7	1	章	2019	12	9	章
备注												

（2）原材料明细账扉页

账簿启用及经管人员一览表

单位名称		洪峰公司					印章			
账簿名称		原材料明细账（第1册）					洪峰公司 财务专用章			
账簿编号										
账簿页数		本账簿自壹页起至　　页止共　　页								
启用日期		公元2019年1月1日								
经管人员	部门负责人		会计主管		复核			记账		
	姓名	签章	姓名	签章	姓名		签章	姓名		签章
交接记录	经管人员				接管			交出		
	职别		姓名		年	月	日	签章	年	月	日	签章
			吴涛		2019	3	5	章	2019	12	9	章
			陈洁		2019	12	9	章	2019	12	31	章
备注												

（3）现金日记账

现金日记账

2019年		凭证		摘要	对方科目	借方（收入）	贷方（支出）	余额
月	日	种类	号数					
9	1	略	略	期初余额				5 000
	2	略	略	零星销售	主营业务收入	8 000		13 000
	12	略	略	报销差旅费	管理费用		5 000	8 000

要求：指出陈洁会计处理的不当之处，并加以纠正。

同步练习六 财产清查

1. **目的**:掌握未达账项的种类以及银行存款余额调节表的编制。

资料:某企业2019年10月31日的银行存款日记账账面余额为351 200元,而银行对账单上企业存款余额为341 200元,经逐笔核对,发现存在以下未达账项:

(1) 10月20日,企业开出转账支票4 000元,持票人尚未到银行办理转账,银行尚未登账。

(2) 10月24日,企业送存购货单位签发的转账支票25 000元,企业已登账,银行尚未登账。

(3) 10月26日,企业委托银行代收款项16 000元,银行已收款入账,但企业尚未接到银行的收款通知,因而未登记入账。

(4) 10月30日,银行代企业支付水电费5 000元,企业尚未接到银行的付款通知,因而未登记入账。

要求:根据上述内容,编制银行存款余额调节表,确定企业银行存款日记账所列余额是否正确,并分析调节后是否需要编制有关的会计分录。

2. **目的**:掌握存货清查的会计处理。

资料:洪峰公司对存货进行盘点,发现如下情况:

(1) 甲材料盘盈1 200千克,每千克单价5元。经查明,是计量上的错误造成的。

(2) 乙材料盘亏1 800千克,每千克单价2元。经查明,属于定额内损耗的有500千克;属于过失人责任,应由过失人赔偿的有120千克;属于自然灾害造成损失的有1 180千克,其中由保险公司赔偿1 200元。

要求:对洪峰公司盘盈的甲材料、盘亏的乙材料作批准前和批准后的账务处理。

3. **目的**:掌握固定资产清查的会计处理。

资料:洪峰公司在财产清查中,发现如下情况:

(1) 盘亏机器设备一台,账面原值为180 000元,已提折旧150 000元。

(2) 发现一台账外设备,重置完全价值130 000元,估计八成新。

要求:对上述情况进行会计处理。

4. **目的**:练习固定资产盘亏业务的正确处理。

资料:洪峰公司所属分公司的王经理,将公司正在使用的一台设备借给其朋友使用,未办理任何手续。公司的清查人员在年底盘点时发现盘亏了一台设备,原值为168 000元,已提折旧52 600元。经查明,属王经理所借出的设备。于是,派人向借方追索该设备,但借方声称该设备已被人偷走。当问及王经理对此事的处理意见时,王经理建议按正常报废处理。

要求:

(1) 盘亏的设备按正常报废处理是否符合会计准则要求?为什么?

(2) 企业应怎样正确处理盘亏的固定资产?

同步练习七 财务报告

1. **目的**：掌握资产负债表有关项目的填列。

资料：某公司2019年10月31日总分类账户和明细分类账户的期末余额如下表所示：

总分类账户和有关明细分类账户余额表

2019年12月31日   单位：元

资产账户	借或贷	余额	负债和所有者权益账户	借或贷	余额
库存现金	借	2 850	短期借款	贷	290 840
银行存款	借	1 109 900	应付票据	贷	18 000
应收票据	借	17 425	应付账款	贷	71 400
应收账款	借	76 100	——丙	贷	73 000
——甲	借	79 805	——丁	借	1 600
——乙	贷	3 705	预收账款		
预付账款	借	35 840	——C	贷	13 000
——A	借	36 000	其他应付款	贷	7 370
——B	贷	160	应付职工薪酬	贷	6 000
生产成本	借	3 500	应交税费	贷	29 000
原材料	借	813 000	长期借款	贷	567 000
库存商品	借	75 727	其中：一年内到期		185 000
固定资产	借	2 836 800	实收资本	贷	2 769 000
累计折旧	贷	983 920	资本公积	贷	100 000
无形资产	借	17 300	盈余公积	贷	89 951
			利润分配		
			——未分配利润	贷	42 961
合计		4 004 522	合计		4 004 522

要求：根据上述资料计算资产负债表下列项目的金额。

(1) 货币资金；

(2) 应收票据；

(3) 应收账款；

(4) 预收款项；

（5）存货；

（6）固定资产；

（7）应付票据；

（8）应付账款；

（9）预付款项；

（10）长期借款。

2. **目的**：掌握利润表相关项目的计算。

资料：某公司2019年10月末各损益类账户本月发生额如下表所示：

损益类账户发生额

2019年10月   单位：元

账户名称	借或贷	本年累计发生额
主营业务收入	贷	5 600 000
税金及附加	借	30 000
主营业务成本	借	3 120 450
其他业务收入	贷	139 200
其他业务成本	借	89 500
销售费用	借	63 250
管理费用	借	59 870
财务费用	借	24 560
营业外收入	贷	11 000
营业外支出	借	8 020
所得税费用	借	588 650

要求：根据上述资料计算该公司2019年10月下列项目的金额。

（1）营业收入；

（2）营业成本；

（3）营业利润；

（4）利润总额；

（5）净利润。

同步练习八　账务处理程序

目的：练习科目汇总表的编制。

资料：洪峰公司2019年4月发生如下经济业务：

(1) 2日，购进甲材料100吨，单价400元，取得增值税专用发票，价款40 000元，增值税税额5 200元，材料已验收入库，货款已用银行存款支付。

(2) 5日，从A单位购进乙材料400吨，单价150元，取得增值税专用发票，价款60 000元，增值税税额7 800元，材料已验收入库，货款尚未支付。

(3) 15日，仓库发出下列材料：

发出材料明细

项目		甲材料		乙材料		合计(元)
		数量(吨)	金额(元)	数量(吨)	金额(元)	
产品耗用	A产品	70	28 000	200	30 000	58 000
	B产品	50	20 000	250	37 500	57 500
管理部门耗用		10	4 000			4 000
合计		130	52 000	450	67 500	119 500

(4) 17日，以现金支付管理部门日常的零星开支2 000元。

(5) 17日，从银行提取现金50 000元以备发放工资。

(6) 20日，以现金50 000元发放工资。

(7) 25日，以银行存款8 000元支付水电费，其中A产品耗用4 000元，B产品耗用2 500元，车间一般耗用1 500元。

(8) 25日，销售A产品100件，单价1 800元，增值税税率13%，款项收回存入银行。

(9) 26日，销售B产品200件，单价500元，增值税税率13%，收回货款60 000元及税款13 000元，其余部分尚未收回。

(10) 28日，以银行存款支付广告费3 000元，取得增值税普通发票。

(11) 30日，计提固定资产折旧6 000元，其中车间应负担5 000元，企业管理部门应负担1 000元。

(12) 30日，结转本月完工产品成本，其中A产品完工180件，共计216 000元；B产品完工300件，共计120 000元。

(13) 30日，计算结转本月已售产品成本，其中A产品120 000元，B产品80 000元。

(14) 30日，结转本月各项收入、费用，计算利润总额。

(15) 30日，计算本月应纳所得税(税率为25%)并结转。

(16) 30日，分别按本月实现净利润的10%和5%计提法定盈余公积和任意盈余公积。

（17）30日，按上述分配后剩余净利润的80%计算应分配给投资者的利润。

要求：

（1）准备收款凭证1张、付款凭证6张、转账凭证12张。

（2）根据上述经济业务编制记账凭证。

（3）根据记账凭证编制科目汇总表。

第二部分

单元小结及检测

第一单元　会计的基本理论

单　元　小　结

学习思路

　　本单元涉及教材第一章总论、第二章会计核算基础、第三章账户与复式记账的内容,是重要的理论学习阶段,在教材中处于启蒙指导、总领全局的地位。通过本单元的学习,学习者要掌握**会计的基本理论**,明确会计是什么、核算什么、以哪些方法进行核算、进行会计核算的理论基础是什么。在学习中,学生要像学英语记单词、学数学理解原理那样,在充分理解的基础上掌握会计术语和相关理论,加强对知识点的记忆。本单元的学习要紧紧抓住两条主线,采用"串烧记忆"的方法,通过"学习思维导图"将主要知识点本着循序渐进、围绕主线、把握重点的原则,使学习内容体现出层次分明、环环相扣的特点。

　　主线之一,会计的相关概念,沿着"会计的含义→会计职能→会计对象→会计要素→会计科目→账户→记账方法→借贷记账法"这一主线层层递进。

　　主线之二,会计核算的理论基础,沿着"会计假设→会计基础→会计信息质量要求→会计要素计量属性"这一主线层层递进。

学习思维导图

一、会计的相关概念

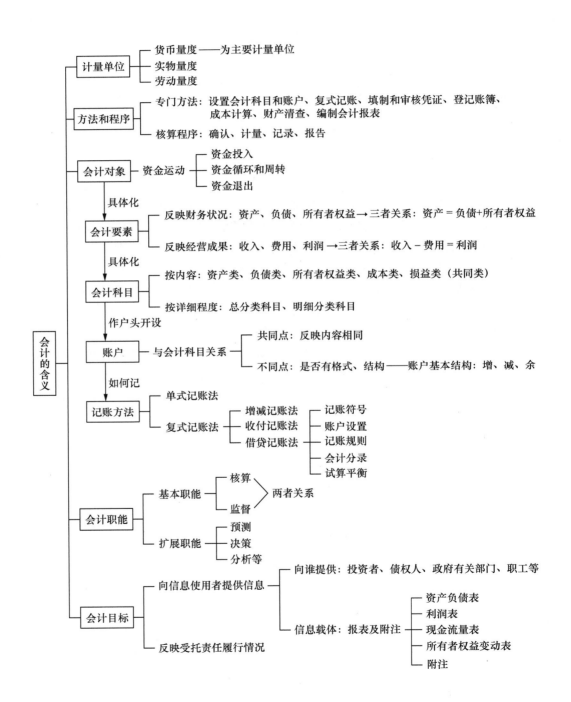

二、会计核算的理论基础

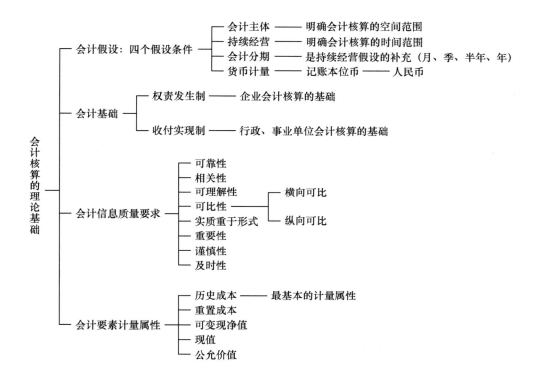

单元检测一

一、单项选择题

1. 会计的基本职能一般包括( )。
   A. 会计计划与会计决策
   B. 会计预测与会计控制
   C. 会计控制与会计决策
   D. 会计核算与会计监督

2. 对期末存货采用成本与可变现净值孰低法计价,其所体现的会计信息质量要求是( )。
   A. 及时性
   B. 历史成本
   C. 谨慎性
   D. 可比性

3. 资产计量最基本的基础是( )。
   A. 历史成本
   B. 重置成本
   C. 公允价值
   D. 可变现净值

4. 下列各项经济业务中,会引起公司股东权益总额发生变动的有( )。
   A. 用资本公积金转增股本
   B. 向投资者分配股票股利
   C. 股东大会宣告向投资者分配现金股利
   D. 用盈余公积弥补亏损

5. 2019年4月30日,某公司"原材料"账户为借方余额50 000元。2019年5月,该公司发生如下经济业务:(1)购入原材料360 000元,其中260 000元以银行存款支付,其余货款暂欠,材料已验收入库;(2)生产车间生产产品领用原材料330 000元。根据以上资料,该公司2019年5月31日"原材料"账户余额为( )。
   A. 借方30 000元
   B. 贷方20 000元
   C. 借方20 000元
   D. 借方80 000元

6. 账户的对应关系是指( )。
   A. 总分类账户与明细分类账户之间的关系
   B. 有关账户之间的应借应贷关系
   C. 资产类账户与负债类账户之间的关系
   D. 成本类账户与损益类账户之间的关系

7. 通过试算平衡能够查出的错误有( )。
   A. 重记经济业务
   B. 漏记经济业务
   C. 记账方向错误
   D. 记账金额不等

8. 下列项目中,符合资产定义的是( )。
   A. 购入的原材料
   B. 经营租入的设备
   C. 待处理的财产损失
   D. 计划购买的某项设备

9. 企业因债权人撤销而转销无法支付的应付账款时,应将所转销的应付账款计入( )。

A. 资本公积 B. 其他应付款
C. 营业外收入 D. 其他业务收入

10. 我国《企业会计准则》规定,企业会计核算应当以( )为基础。
   A. 权责发生制 B. 实地盘存制 C. 永续盘存制 D. 收付实现制

11. ( )是对会计对象的基本分类,是会计对象的具体化。
   A. 会计要素 B. 会计主体 C. 会计科目 D. 会计账户

12. 下列经济业务中,不会引起资产或权益总额发生变动的经济业务是( )。
   A. 以银行存款偿还前欠货款 B. 从银行借款存入银行
   C. 从某企业赊购材料 D. 以银行借款还清所欠货款

13. 会计科目和账户之间的联系是( )。
   A. 内容相同 B. 结构相同 C. 格式相同 D. 两者不相关

14. 下列项目,属于工业企业其他业务收入的是( )。
   A. 罚款收入 B. 出售固定资产收入
   C. 材料销售收入 D. 出售无形资产收入

15. 某企业年初所有者权益总额为160万元,当年以其中的资本公积转增资本50万元。当年实现净利润300万元,提取盈余公积30万元,向投资者分配利润20万元。该企业年末所有者权益总额为( )万元。
   A. 360 B. 410 C. 440 D. 460

16. 下列科目中属于损益类科目的是( )。
   A. 生产成本 B. 劳务成本
   C. 主营业务成本 D. 制造费用

17. 对会计核算的空间范围进行规范的前提是( )。
   A. 会计主体 B. 持续经营 C. 会计分期 D. 货币计量

18. 会计所使用的主要计量单位是( )。
   A. 实物量度 B. 劳动量度
   C. 实物和货币量度 D. 货币量度

19. 某企业资产总额为600万元,如果发生以下经济业务:(1)收到外单位投资40万元存入银行;(2)以银行存款12万元购入台设备;(3)以银行存款偿还短期借款10万元,则企业资产总额为( )万元。
   A. 636 B. 628 C. 648 D. 630

20. 对于负债类账户下列说法正确的是( )。
   A. 借方登记负债的增加数 B. 贷方登记负债的减少数
   C. 余额一般在贷方 D. 余额一般在借方

21. 下列等式属于会计基本等式的是( )。
   A. 资产 = 权益

27

B. 资产 = 负债 + 所有者权益 + 收入 – 费用

C. 资产 = 负债 + 所有者权益

D. 资产 = 负债 + 所有者权益 + 利润

22. 下列属于企业流动资产的有(　　)。

　　A. 应付账款　　　　　　　　　　B. 预付账款

　　C. 预收账款　　　　　　　　　　D. 债权投资

23. 企业债权人对企业资产的要求权,会计上称为(　　)。

　　A. 负债　　　B. 资产　　　C. 所有者权益　　　D. 净资产

24. 间接费用通过(　　)账户核算。

　　A. 管理费用　　　　　　　　　　B. 财务费用

　　C. 制造费用　　　　　　　　　　D. 其他业务成本

25. 为了避免损失发生时对企业正常经营的影响,会计上必须应用(　　)会计信息质量要求。

　　A. 配比性　　　B. 权责发生制　　　C. 历史成本　　　D. 谨慎性

26. 企业计提固定资产折旧主要是依据(　　)这一会计核算的基本前提或会计信息质量要求。

　　A. 实质重于形式　　　　　　　　B. 可比性

　　C. 持续经营　　　　　　　　　　D. 谨慎性

27. 工业企业经营资金循环过程是(　　)。

　　A. 储备资金→货币资金→商品资金→生产资金→储备资金

　　B. 生产资金→储备资金→商品资金→货币资金→生产资金

　　C. 商品资金→储备资金→生产资金→货币资金→商品资金

　　D. 货币资金→储备资金→生产资金→商品资金→货币资金

28. "累计折旧"账户按其所反映的经济内容属于(　　)账户。

　　A. 资产类　　　　　　　　　　　B. 负债类

　　C. 所有者权益类　　　　　　　　D. 成本类

29. 企业的资本溢价是指(　　)

　　A. 留存收益　　　B. 资本公积　　　C. 股本　　　D. 实收资本

30. 复式记账产生于1494年卢卡·帕乔利所写的(　　)中。

　　A. 《算术、几何、比及比例概要》　　B. 《算术》

　　C. 《几何》　　　　　　　　　　　　D. 《国富论》

二、多项选择题

1. 下列项目中,可以作为一个会计主体进行核算的有(　　)。

　　A. 母公司　　　　　　　　　　　　B. 分公司

　　C. 母公司和子公司组成的企业集团　　D. 销售部门

2. 下列各项属于会计核算方法的有(　　)。
   A. 设置账户　　　B. 分析和检查　　C. 成本计算　　D. 预测和决策
3. 下列说法正确的是(　　)。
   A. 会计核算过程中采用货币为统一的计量单位
   B. 我国企业的会计核算只能以人民币为记账本位币
   C. 业务收支以人民币以外的币种为主的单位可以选择某种人民币以外的币种作为记账本位币
   D. 在境外设立的中国企业向国内报送的财务报告,应当折算为人民币
4. 在所有者权益中,属于留存收益的是(　　)。
   A. 实收资本　　　B. 资本公积　　　C. 盈余公积　　　D. 未分配利润
5. 总账和明细账之间应该进行平行登记,具体是指(　　)。
   A. 同期间登记　　B. 同方向登记　　C. 同金额登记　　D. 同一天登记
6. 会计分录必须具备的要素包括(　　)。
   A. 记账方向　　　B. 记账科目　　　C. 记账金额　　　D. 记账方法
7. 下列各项中,属于资金退出的是(　　)。
   A. 向所有者分配利润　　　　　　　B. 偿还各项债务
   C. 上缴各项税金　　　　　　　　　D. 购买材料
8. 在进行试算平衡时,需要用到的平衡公式有(　　)。
   A. 全部账户期末借方余额合计数 = 全部账户期末贷方余额合计数
   B. 全部账户本期借方发生额合计数 = 全部账户本期贷方发生额合计数
   C. 全部账户期末借方余额合计数 – 全部账户期末贷方余额合计数 = 全部账户本期借方发生额合计数 – 全部账户本期贷方发生额合计数
   D. 全部账户期初借方余额合计数 = 全部账户期初贷方余额合计数
9. 下列错误中,不能通过试算平衡发现的是(　　)。
   A. 某项经济业务重复入账或未入账
   B. 应借应贷的账户中借贷方向颠倒
   C. 借贷双方同时多记了相等金额
   D. 借贷双方一方多记金额,另一方少记金额
10. 下列各项中,体现谨慎性会计信息质量要求的有(　　)。
    A. 对在建工程计提减值准备
    B. 对无形资产计提减值准备
    C. 固定资产计提折旧采用加速折旧法
    D. 存货期末计价采用成本与可变现净值孰低法
11. 会计核算的基本前提(会计假设)主要有(　　)。
    A. 会计主体假设　　　　　　　　　B. 持续经营假设

C. 货币计量假设　　　　　　　　　D. 实质重于形式假设

12. 下列属于会计核算的具体内容的有(　　)。
　　A. 款项和有价证券的收付　　　　　B. 财物的收发、增减和使用
　　C. 债权债务的发生和结算　　　　　D. 收入、支出、费用、成本的计算

13. 资产的基本特征包括(　　)。
　　A. 资产是由过去的交易或事项所形成的
　　B. 资产必须是投资人投入或向债权人借入的
　　C. 资产是企业拥有或控制的
　　D. 资产预期能给企业带来经济利益

14. 下列各项中,属于企业流动负债的是(　　)。
　　A. 预收账款　　B. 预付账款　　C. 应付债券　　D. 应交税费

15. 企业发生的下列交易或事项中,引起资产和负债同时增加的有(　　)。
　　A. 收到投资者投入的固定资产
　　B. 从银行取得期限为1年的借款,存入银行
　　C. 购入原材料一批,已验收入库,货款尚未支付
　　D. 收到债务人归还的货款,存入银行

16. 债权是企业收取款项的权利,一般包括各种(　　)等。
　　A. 预付款项　　B. 预收款项　　C. 应收款项　　D. 原材料

17. 下列各项中,属于非流动资产的是(　　)。
　　A. 工程物资　　　　　　　　　　　B. 其他应收款
　　C. 交易性金融资产　　　　　　　　D. 无形资产

18. 下列经济业务中,仅引起所有者权益项目一增一减的有(　　)。
　　A. 收到其他企业捐赠的设备一台,价值200 000元
　　B. 收到投资者通过银行转来的投资款500 000元
　　C. 经批准,将资本公积300 000元转作实收资本
　　D. 按规定从税后利润中提取盈余公积100 000元

19. 工业企业的利润总额包括(　　)。
　　A. 主营业务利润　　　　　　　　　B. 营业利润
　　C. 投资净收益　　　　　　　　　　D. 营业外收入和营业外支出

20. 采用借贷记账法,账户借方登记(　　)。
　　A. 资产、成本的增加　　　　　　　B. 负债、所有者权益的增加
　　C. 收入的减少　　　　　　　　　　D. 费用的增加

三、判断题

1. 一个账户的借方如果用来记录增加额,则其贷方一定用来记录减少额。(　　)
2. 通过试算平衡检查账户记录后,若试算平衡就可以肯定记账准确无误。(　　)

3. 会计核算中,只能编制简单会计分录,不能编制复合会计分录。(　　)

4. 企业的营业利润即利润总额,是企业生产经营全过程的最终财务成果。(　　)

5. 一个复合会计分录可以分解为几个简单会计分录,几个简单会计分录也可以组成一个复合会计分录。(　　)

6. 会计等式说明,任何会计主体中都没有无资产的权益,也没有无权益的资产。(　　)

7. 应收账款是企业的资产,预付账款是企业的负债。(　　)

8. 企业的管理费用、销售费用和财务费用被称为间接费用。(　　)

9. 借贷记账法中的"借"和"贷"分别表示"债权"和"债务"。(　　)

10. 会计科目与账户都是对会计对象具体内容的科学分类,两者口径一致、性质相同,具有相同的格式和结构。(　　)

11. 经济业务发生,可能使资产与权益总额发生变化,但是不会破坏会计基本等式的平衡关系。(　　)

12. "盈余公积"账户发生增加额时登记在该账户的贷方,发生减少额时登记在该账户的借方,其余额一般出现在账户的借方。(　　)

13. 单位在不影响会计核算的要求和会计指标的汇总,以及对外提供统一的会计报表的前提下,可以根据实际情况,自行增设、删减或合并某些会计科目。(　　)

14. 实收资本就是企业的全部资产减去全部负债后的净额。(　　)

15. 即使是亏损企业,其资产总额也必然等于权益总额。(　　)

16. 企业对其所使用的机器设备、厂房等固定资产,只有在持续经营的前提下才可以在固定资产的使用年限内,按照其价值和使用情况,确定采用某一折旧方法计提折旧。(　　)

17. 2019年5月,红星公司向长城汽车制造厂预订一辆运输卡车,将于2020年5月1日交付使用,货款已付。红星公司的会计王新于2019年5月将该运输卡车确认为公司的资产。(　　)

18. 东港船舶制造厂生产"航海号"轮船,从购买原材料到船舶制造完工需要2年的时间。2019年1月该厂购进钢材5吨,其中1吨钢材预计在2020年3月耗用。由于这吨钢材的耗用时间超过了1年,因此该吨钢材不属于该厂的流动资产。(　　)

19. 光明公司为改善办公条件,决定为职工更换办公桌。2019年11月20日从星河公司购入100张办公桌,单价800元,货款80 000元(不考虑增值税),当即支付50 000元,剩余30 000元约定在2020年2月支付。2019年11月,光明公司形成了一笔金额为30 000元的负债。(　　)

20. 2019年6月8日,光明公司接受投资者投入物资一批,总价50 000元。该项经济业务会引起收入增加、权益增加。(　　)

31

四、计算题

（一）某企业 3 月编制试算平衡表如下表所示：

试算平衡表　　　　　　　　　　　　　　　　　　　　　　　　　单位：元

账户名称	期初余额 借方	期初余额 贷方	本期发生额 借方	本期发生额 贷方	期末余额 借方	期末余额 贷方
银行存款	（　）		60 000	20 000	70 000	
固定资产	100 000		（　）		（　）	
原材料	70 000		30 000		100 000	
应付账款				60 000		（　）
实收资本		（　）		50 000		250 000
合计	（　）	200 000	（　）	130 000	（　）	310 000

要求：计算括号中的数字。

（二）甲企业相关资料如下：

1. 2020 年 1 月初会计科目的余额如下表所示：

会计科目余额　　　　　　　　　　　　　　　　　　　　　　　　单位：元

会计科目	借方余额	贷方余额
银行存款	60 000	
应收账款	50 000	
原材料	40 000	
短期借款		50 000
应付账款		30 000
实收资本		70 000
合计	150 000	150 000

2. 2020 年 1 月发生如下经济业务：

（1）收回应收账款 40 000 元并存入银行。

（2）用银行存款 20 000 元购入原材料（假定不考虑增值税，材料采用实际成本进行日常核算），原材料已验收入库。

（3）用银行存款偿还应付账款 30 000 元。

（4）用银行存款偿还银行短期借款 10 000 元。

（5）收到投资者追加投资 50 000 元并存入银行（假定全部为实收资本）。

（6）购入原材料，货款 30 000 元（假定不考虑增值税，材料采用实际成本进行日常核算），原材料已验收入库，货款尚未支付。

要求：

（1）编制上述经济业务的会计分录。

（2）编制甲企业 1 月 31 日的试算平衡表。

试算平衡表　　　　　　　　　　　　　　　　　　　　　单位：元

会计科目	期初余额		本期发生额		期末余额	
	借方	贷方	借方	贷方	借方	贷方
银行存款						
应收账款						
原材料						
短期借款						
应付账款						
实收资本						
合计						

第二单元　会计的基本业务

单 元 小 结

学习思路

　　本单元涉及教材第四章账户与复式记账法的应用、第五章账户分类的内容,是重要的业务学习阶段,在教材中处于核心地位。通过本单元的学习,学生要掌握**会计的基本业务**,明确在生产经营过程中,企业应确认哪些主要的、基本的经济业务,以及如何确认。在学习中,学生要充分运用前三章所学的基本理论,以**教材中"制造业企业的资金运动"**(见教材图 1-1)为切入点,采用"T 型账户关联"的方法,沿着"资金筹集→供应过程→生产过程→销售过程→财务成果"这一主线,将企业发生的主要经济业务链接起来。

　　需要说明的是,第五章账户分类,是对会计核算中所用账户作的进一步总结和梳理,学生在学习中应认真掌握教材中的"树形图"。

学习思维导图

一、企业生产经营过程中的主要经济业务

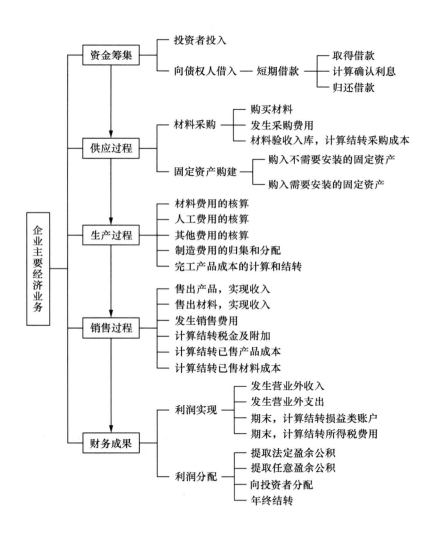

二、企业主要经济业务图式
（一）资金筹集

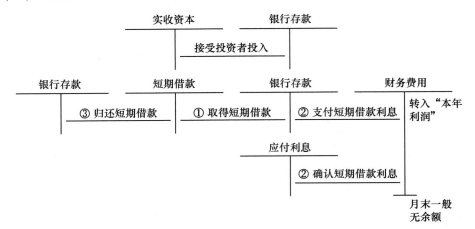

（二）供应过程

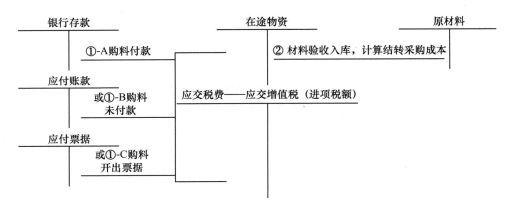

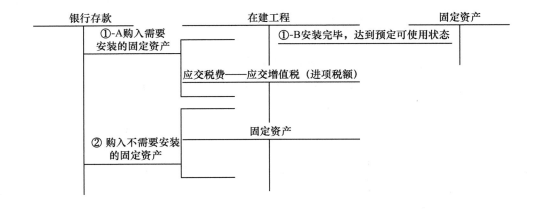

（三）生产过程

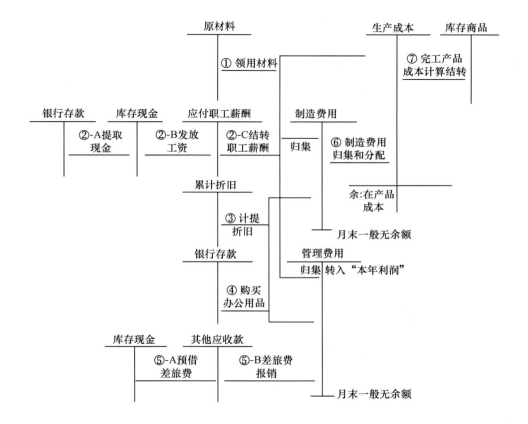

（四）销售过程

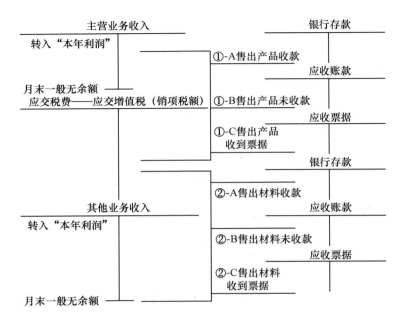

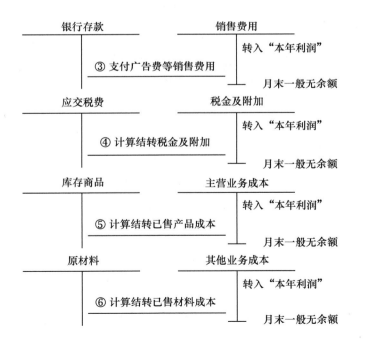

（五）财务成果

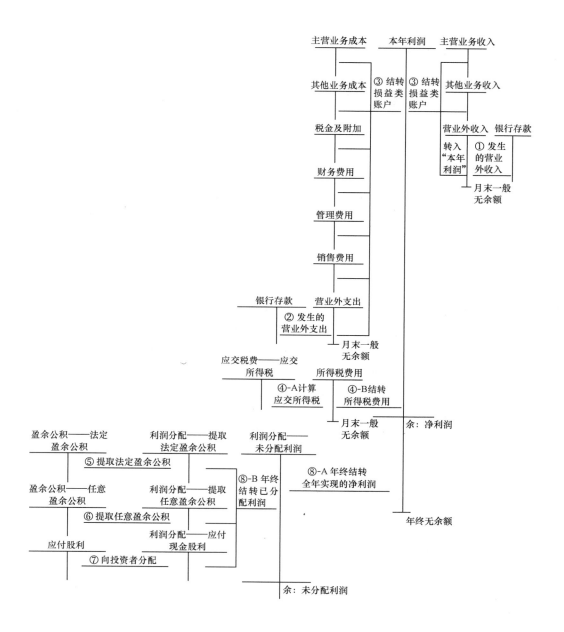

单元检测二

一、单项选择题

1. 某公司购进材料一批，买价 30 000 元，运杂费 1 200 元，入库前挑选整理费 800 元，增值税进项税额 3 900 元。该批材料的采购成本是(　　)元。
   A. 32 000　　　B. 31 200　　　C. 30 800　　　D. 37 100

2. 在权责发生制下，预付的商品价款作为(　　)处理。
   A. 管理费用　　　　　　　　　B. 本期费用
   C. 本期资产　　　　　　　　　D. 支付本期费用

3. 账户按照经济内容分类，可以将"本年利润""利润分配"账户并入(　　)账户。
   A. 损益类　　　　　　　　　　B. 调整类
   C. 财务成果类　　　　　　　　D. 所有者权益类

4. 在供应过程中，用来归集购入材料的买价和采购费用，计算材料采购成本的账户是(　　)。
   A. "原材料"　　　　　　　　　B. "在途物资"
   C. "生产成本"　　　　　　　　D. "材料成本差异"

5. 下列税金，不通过"税金及附加"账户核算的是(　　)。
   A. 资源税　　　　　　　　　　B. 消费税
   C. 增值税　　　　　　　　　　D. 城市维护建设税

6. 账户按照经济内容分类，下列属于成本类账户的有(　　)。
   A. "在途物资"　B. "管理费用"　C. "在建工程"　D. "制造费用"

7. 如果企业不单独设置"预付账款"账户，可以将发生的预付货款业务在(　　)账户中反映。
   A. "其他应收款"　　　　　　　B. "应收账款"
   C. "预付账款"　　　　　　　　D. "应付账款"

8. 年末所有损益类账户的余额均为零，表明(　　)。
   A. 当年利润一定是零
   B. 损益类账户在结账时均已转入"本年利润"账户
   C. 当年利润一定是负数
   D. 当年利润一定是正数

9. 下列账户按照用途和结构分类，属于集合分配账户的是(　　)。
   A. "管理费用"　　　　　　　　B. "利润分配"
   C. "制造费用"　　　　　　　　D. "累计折旧"

10. 账户按照经济内容分类，"累计折旧"账户属于(　　)账户。
    A. 成本类　　　B. 负债类　　　C. 资产类　　　D. 损益类

11. 某企业今年5月销售A产品一批,货款计20 000元,下月才能收回;销售B产品一批,货款15 000元已收讫;另收回上月赊销给荣华公司的A产品30 000元。按照权责发生制原则,不考虑增值税该企业今年5月的收入应为(　　)元。
    A. 65 000　　　　　B. 45 000　　　　　C. 35 000　　　　　D. 50 000

12. 下列账户按照用途和结构分类,属于备抵附加调整账户的是(　　)。
    A. "材料成本差异"　　　　　B. "利润分配"
    C. "坏账准备"　　　　　　　D. "累计折旧"

13. 下列属于跨期摊配账户的是(　　)。
    A. "财务费用"　　　　　　　B. "长期待摊费用"
    C. "销售费用"　　　　　　　D. "管理费用"

14. 企业因生产资金不足而向银行借入短期借款发生的利息,应计入(　　)账户。
    A. "生产成本"　　　　　　　B. "财务费用"
    C. "管理费用"　　　　　　　D. "制造费用"

15. 下列属于财务成果账户的是(　　)。
    A. "管理费用"　　　　　　　B. "生产成本"
    C. "制造费用"　　　　　　　D. "利润分配"

16. 某公司2019年11月销售原材料一批,在记录收入的同时,该公司应将其成本结转到(　　)账户。
    A. "财务费用"　　　　　　　B. "主营业务成本"
    C. "其他业务成本"　　　　　D. "销售费用"

17. 下列各项中,属于固定资产备抵调整账户的是(　　)。
    A. "材料成本差异"　　　　　B. "利润分配"
    C. "坏账准备"　　　　　　　D. "累计折旧"

18. 下列关于损益类账户期末余额说法中正确的是(　　)。
    A. 一定在借方　　　　　　　B. 一定在贷方
    C. 可能在贷方或借方　　　　D. 一定没有余额

19. 在计入产品成本的各项费用中,车间共同耗用的各项费用应(　　)。
    A. 作为管理费用处理　　　　B. 作为制造费用处理
    C. 直接计入当期损益　　　　D. 直接计入产品成本

20. 下列各项中,属于计价对比账户的是(　　)。
    A. "银行存款"　　　　　　　B. "材料采购"
    C. "管理费用"　　　　　　　D. "利润分配"

二、多项选择题

1. 某企业为增值税一般纳税人,购进材料一批,材料已运达企业并验收入库,款项未付。这项业务涉及的账户有(　　)。
    A. "在途物资"　　B. "应付账款"　　C. "应交税费"　　D. "原材料"

2. 生产成本可分为（　　）等成本项目。
   A. 直接材料　　　B. 直接人工　　　C. 制造费用　　　D. 管理费用

3. 下列账户中属于企业期间费用的有（　　）。
   A. "管理费用"　　B. "财务费用"　　C. "制造费用"　　D. "销售费用"

4. 按照用途和结构分类，下列属于成本计算账户的有（　　）。
   A. "在途物资"　　B. "制造费用"　　C. "生产成本"　　D. "材料采购"

5. 下列账户中属于计价对比账户的有（　　）。
   A. "材料采购"　　B. "生产成本"　　C. "本年利润"　　D. "制造费用"

6. 下列项目中，构成一般纳税人外购材料实际成本的有（　　）。
   A. 买价、运杂费　　　　　　　　B. 采购员的差旅费
   C. 进口关税、消费税　　　　　　D. 入库前的挑选整理费用

7. 下列费用中属于间接费用的是（　　）。
   A. 车间消耗的材料费用　　　　　B. 车间机器设备的折旧费用
   C. 厂办人员的工资费用　　　　　D. 车间机器的修理费用

8. 关于"本年利润"账户下列说法正确的有（　　）。
   A. 平时可能为借方余额　　　　　B. 平时可能为贷方余额
   C. 平时肯定无余额　　　　　　　D. 年终肯定无余额

9. 下列账户中属于盘存类账户的有（　　）。
   A. "原材料"　　B. "库存商品"　　C. "在建工程"　　D. "银行存款"

10. 下列经济业务中，会导致一项资产增加、一项资产减少的有（　　）。
    A. 以银行存款购买专利权　　　　B. 支付投资者现金股利
    C. 支付王林出差预借的差旅费　　D. 以银行存款偿还前欠货款

11. 下列属于结算账户的有（　　）。
    A. "预付账款"　　　　　　　　　B. "应付账款"
    C. "预收账款"　　　　　　　　　D. "其他应付款"

12. 下列项目中，应记入"营业外支出"账户的有（　　）。
    A. 广告费　　B. 借款利息　　C. 固定资产盘亏　　D. 捐赠支出

13. 企业的留存收益包括（　　）。
    A. 未分配利润　　B. 资本公积　　C. 盈余公积　　D. 实收资本

14. 企业的收入可能导致（　　）。
    A. 现金的增加　　　　　　　　　B. 银行存款的增加
    C. 其他资产的增加　　　　　　　D. 负债的减少

15. 在权责发生制基础下，下列项目中应作为本期收支核算的有（　　）。
    A. 收回上月应收销货款 5 000 元
    B. 本月应负担短期借款利息 1 000 元
    C. 收到客户预付货款 6 000 元

D. 支付本月水电费 500 元

16. 年末结账后,下列会计账户中一定没有余额的有(　　)。
　　A. 生产成本　　　　　　　　　　B. 在途物资
　　C. 本年利润　　　　　　　　　　D. 主营业务收入

17. 下列项目中,直接计入当期损益的利得和损失包括(　　)。
　　A. 利息支出　　　　　　　　　　B. 自然灾害净损失
　　C. 业务招待费　　　　　　　　　D. 公益性捐赠支出

18. 按照账户的不同分类,"制造费用"账户可以是(　　)类账户。
　　A. 资产　　　　　　　　　　　　B. 成本
　　C. 负债　　　　　　　　　　　　D. 集合分配

19. 在下列项目中,应记入"营业外支出"账户借方的是(　　)。
　　A. 向希望工程捐款　　　　　　　B. 支付广告费
　　C. 支付违约金罚款　　　　　　　D. 支付银行承兑手续费

20. 下列项目中,应记入"营业外收入"账户的有(　　)。
　　A. 固定资产盘盈　　　　　　　　B. 罚款收入
　　C. 无法偿付的应付款项　　　　　D. 接受的捐赠

三、判断题

1. "管理费用""财务费用"账户均为集合分配账户。(　　)
2. 公司用银行存款 400 000 元偿还银行短期借款。这笔经济业务的发生,虽然导致企业现金流出 400 000 元,但最终不会使企业的所有者权益减少。(　　)
3. 按照用途和结构分类,"在途物资"和"生产成本"账户均为成本计算账户。(　　)
4. "制造费用"账户用来归集和分配企业生产车间范围内为组织与管理产品的生产活动而发生的各项间接生产费用。(　　)
5. 主营业务收入和营业外收入均属于收入。(　　)
6. 所有者权益是企业所有者在企业资产中享有的经济利益,其金额为企业的资产总额。(　　)
7. "累计折旧""存货跌价准备""坏账准备"账户都属于备抵账户。(　　)
8. 所有者权益类账户增加记贷方,减少记借方,期末余额一般在贷方。(　　)
9. "本年利润"账户是所有者权益类账户,是用来核算企业一定时期内利润总额的形成或亏损发生情况的账户。(　　)
10. 计提短期借款的利息,应贷记"财务费用"账户。(　　)
11. "制造费用"和"管理费用"都应当在期末转入"本年利润"账户。(　　)
12. "生产成本"账户,既具有计价对比账户的用途,又兼具成本计算、盘存账户的用途和结构。(　　)
13. 损益类账户与成本类账户一般没有期末余额。(　　)
14. 每个账户的期初、期末余额,都与增加额记录的方向相同。(　　)

15. "生产成本"账户期末如有借方余额也可以看作盘存账户。(   )

16. 企业外购存货的采购成本,包括增值税、关税和消费税。(   )

17. 支付机器设备的修理费时,应借记"制造费用"账户,贷记"银行存款"账户。(   )

18. 年末结转后"利润分配——未分配利润"账户的借方余额即为企业历年积存的未分配利润。(   )

19. 存货采购费用属于存货采购成本中的间接成本,因此需要通过分摊计入存货的采购成本。(   )

20. 资本公积的主要用途是转增资本金。(   )

四、业务题

资料:长江有限责任公司为增值税一般纳税人,该公司2019年12月发生的部分经济业务如下:

(1) 1日,收到大华公司投入资本100 000元,存入银行,同时收到全新设备一台,价值20 000元。

(2) 2日,销售给宏达公司甲产品10 000件,单价100元,开出增值税专用发票,货款1 000 000元,增值税130 000元,款项未收回。

(3) 3日,以现金购买行政管理部门办公用品100元,购买销售部门办公用品80元。

(4) 6日,从广河公司购入A材料1 000千克,单价10元;购入B材料2 000千克,单价10元;取得增值税专用发票,税率13%。另付运杂费330元,取得增值税普通发票。全部款项以银行存款支付(运杂费按重量分配)。材料尚未入库。

(5) 9日,上述所购材料运达企业并验收入库,结转其采购成本。

(6) 9日,为生产甲、乙产品分别领用A材料2 000元、1 000元,车间一般性耗用A材料100元,行政管理部门耗用B材料100元,销售部门领用B材料200元。

(7) 10日,收到宏达公司违约罚款1 000元,存入银行。

(8) 11日,签发支票一张,向某敬老院捐赠2 000元。

(9) 12日,从银行取得期限为6个月的生产周转借款10 000元,存入企业存款账户。

(10) 19日,销售给凯达公司乙产品2 000件,单价50元,开出增值税专用发票,税率13%,全部款项收存银行。

(11) 20日,购入生产用不需要安装的设备一台,交付使用,增值税专用发票上列示买价100 000元,增值税13 000元;另付运杂费1 000元,取得增值税普通发票。全部款项以银行存款支付。

(12) 21日,购入生产用需要安装的设备一台,增值税专用发票上列示买价200 000元,增值税26 000元;另付运杂费1 000元,取得增值税普通发票。全部款项以银行存款支付,设备交付安装。

(13) 21日,为上述设备发生的工程安装人员薪酬为10 000元。

(14) 23日,上述设备安装完毕,交付使用,结转其成本。

（15）23 日,从利达公司购入 A 材料 1 000 千克,单价 10 元,取得增值税专用发票,货款 10 000 元,增值税 1 300 元。全部款项尚未支付,材料尚未运达。

（16）24 日,以银行存款预付顺达公司甲材料款 1 500 元。

（17）25 日,顺达公司发来甲材料,并开具增值税专用发票,售价 2 000 元,增值税 260 元,材料已入库,余款以银行存款补付。

（18）25 日,以银行存款缴纳增值税 1 000 元。

（19）25 日,职工李刚预借差旅费 1 000 元,以现金支付。

（20）26 日,以银行存款 65 000 元支付职工薪酬。

（21）27 日,李刚出差归来,报销差旅费 800 元,交回现金 200 元,结清前借差旅费。

（22）28 日,以银行存款支付设备修理费 1 000 元,其中生产用设备修理费 800 元、行政管理部门用设备修理费 200 元。

（23）29 日,以银行存款购买车间用办公用品 100 元、行政管理部门用办公用品 900 元。

（24）31 日,计提固定资产折旧 10 000 元,其中车间用固定资产计提 7 000 元、行政管理部门用固定资产计提 3 000 元。

（25）31 日,分配结转本月职工薪酬,其中甲产品生产工人工资 50 000 元、乙产品生产工人工资 10 000 元、车间管理人员工资 5 000 元。

（26）31 日,按生产工时分配结转本月发生的制造费用。本月甲产品耗用生产工人工时 600 小时,乙产品耗用生产工人工时 400 小时。

（27）31 日,结转完工入库甲产品的生产成本 50 000 元,乙产品全部未完工。

（28）31 日,计算结转本月已售产品的生产成本,其中甲产品单位成本 40 元,乙产品单位成本 20 元。

（29）31 日,计算结转本月应交城市维护建设税 700 元、应交教育费附加 300 元。

（30）31 日,结转本月收入、收益。

（31）31 日,结转本月费用、支出。

（32）31 日,计算本月应交所得税,税率为 25%。

（33）31 日,将本月所得税费用转入"本年利润"账户。

要求:根据上述经济业务编制会计分录。

注:"在途物资""原材料""生产成本""库存商品""应付账款""应交税费"等账户需带明细分类账户。

第三单元　会计的基本技能

单 元 小 结

学习思路

本单元涉及教材第六章会计凭证、第七章会计账簿、第八章财产清查、第九章财务报告、第十章账务处理程序的内容,是重要的技能学习阶段。通过本单元的学习,学生要掌握**会计的基本技能**,即按照《会计工作基础规范》的要求,明确会计凭证如何填制、账簿如何登记、主要会计报表如何编制,并能熟练操作。本单元的学习要从两个方面入手,紧紧抓住两条主线:

主线之一,本单元的理论知识点,采用"图表演示"的方法,揭示"会计凭证→会计账簿→会计报表"之间的关系;采用"列表对比"的方法,将各种账务处理程序的特点、凭证资料和账簿组织、工作步骤、优缺点和适用性进行比较分析,使学习内容更加清晰、明了。

主线之二,本单元的技能训练,采用"实际演练"的方法,即对应教材有关内容,以本书中三个实训所提供的有关原始凭证,提出实践的具体目标,学生可以剪裁原始凭证,亲自演练记账凭证的填制,科目汇总表的编制,日记账、总分类账的登记,以及资产负债表和利润表的编制。

需要说明的是,第十一章会计规范、会计机构与会计职业,作为学生知识拓展的内容,供学生课外阅读。

学习思维导图

一、会计凭证、会计账簿、会计报表之间的关系

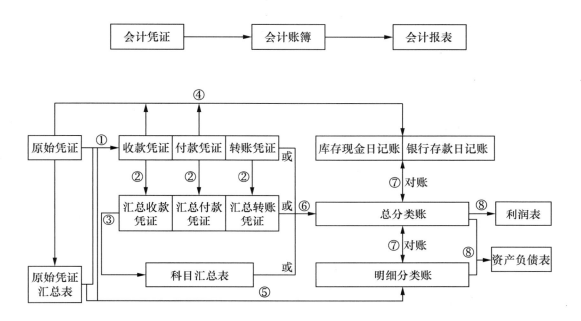

注:① 根据原始凭证、原始凭证汇总表编制记账凭证(收款凭证、付款凭证和转账凭证)。

② 根据各种记账凭证编制有关汇总记账凭证。

③ 根据各种记账凭证编制科目汇总表。

④ 根据原始凭证、收款凭证和付款凭证逐笔序时登记库存现金日记账和银行存款日记账。

⑤ 根据原始凭证、汇总原始凭证和记账凭证,登记各种明细分类账。

⑥ 根据记账凭证或汇总记账凭证或科目汇总表登记总分类账。

⑦ 期末,将库存现金日记账、银行存款日记账的余额与有关总分类账的余额定期核对相符,将明细分类账的余额与有关总分类账的余额定期核对相符。

⑧ 根据总分类账和明细分类账编制资产负债表,根据总分类账编制利润表。

二、各种账务处理程序比较

种类	特点	凭证资料及账簿组织	工作步骤	优缺点及适用性
记账凭证账务处理程序	记账凭证→总分类账	凭证资料：收款凭证、付款凭证、转账凭证 账簿组织：日记账、总分类账、明细分类账	见教材图10-1	优点：①根据记账凭证直接登记分类账，不进行中间汇总，会计处理简便，易于理解；②详细地反映经济业务的发生情况。 缺点：①登记总分类账的工作量大；②不便于对会计工作进行分工。 适用性：一般适用于规模较小、经济业务较少、记账凭证不多的单位。
科目汇总表账务处理程序	记账凭证→科目汇总表→总分类账	凭证资料：收款凭证、付款凭证、转账凭证→科目汇总表 账簿组织：日记账、总分类账、明细分类账	见教材图10-2	优点：①减轻了登记总分类账的工作量；②根据科目汇总表中各科目的借方合计与贷方发生额合计之间的相等关系，能起到入账前的试算平衡作用。 缺点：①科目汇总表不能反映账户之间的对应关系；②不便于对账目。 适用性：一般适用于规模较大、经济业务较多的单位。
汇总记账凭证账务处理程序	收款凭证→汇总收款凭证 付款凭证→汇总付款凭证→总分类账 转账凭证→汇总转账凭证	凭证资料：收款凭证→汇总收款凭证、付款凭证→汇总付款凭证、转账凭证→汇总转账凭证 账簿组织：日记账、总分类账、明细分类账	见教材图10-3	优点：①根据汇总记账凭证登记总分类账，可以减轻登记总分类账的工作量；②按照账户对应关系汇总编制记账凭证，便于了解账户之间的对应关系。 缺点：①按照每一贷方科目编制汇总转账凭证，不利于会计核算的日常分工；②当转账凭证较多时，编制汇总转账凭证的工作量较大。 适用性：一般适用于规模大、经济业务多、转账凭证多的单位。

(续表)

种类	特点	凭证资料及账簿组织	工作步骤	优缺点及适用性
多栏式日记账账务处理程序	收款凭证—多栏式日记账 付款凭证 转账凭证—科目汇总表—总分类账	凭证资料：收款凭证、付款凭证、转账凭证 账簿组织：日记账、总分类账、明细分类账、科目汇总表	见教材图10-4	优点：①多栏式日记账对收、付款凭证进行汇总,再据以登记总分类账,简化了总分类账的登记工作；②账户对应关系明确。 缺点：多栏式日记账的专栏较多,账页篇幅较大,不利于登账。 适用性：一般适用于规模较小,但收支业务较多的企业。
日记总账账务处理程序	记账凭证→日记总账	凭证资料：收款凭证、付款凭证、转账凭证 账簿组织：日记账、日记总账、明细分类账	见教材图10-5	优点：①总分类核算与序时核算结合进行,核算手续简单,易于掌握和操作,便于查账；②账户间的对应关系可在同一账页中体现,易于进行试算平衡；③账户登记在一张账页上,账页篇幅过大,既不利于集中在一张账页上集中登账,又不利于会计人员分工。 适用性：一般适用于规模较小、经济业务简单、账户数量较少的小型单位。

单元检测三

一、单项选择题

1. 下列单据中属于外来原始凭证的是（　　）。
   A．银行对账单　　　　　　　　B．运输发票
   C．制造费用分配表　　　　　　D．材料入库单

2. 原始凭证出现金额错误，应由（　　）。
   A．经办人更正　　　　　　　　B．会计人员更正
   C．原开具单位更正　　　　　　D．原开具单位重新开具

3. 对于银行已经入账企业尚未入账的未达账项，企业应当（　　）。
   A．根据"银行对账单"记录的余额入账
   B．根据"银行存款余额调节表"和"银行对账单"自制原始凭证入账
   C．在编制"银行存款余额调节表"的同时入账
   D．待有关凭证到达时入账

4. 在下列账务处理程序中，（　　）是最基本的账务处理程序。
   A．日记总账账务处理程序　　　B．汇总记账凭证账务处理程序
   C．科目汇总表账务处理程序　　D．记账凭证账务处理程序

5. 下列各项中，不属于原始凭证要素的是（　　）。
   A．经济业务发生日期　　　　　B．经济业务内容
   C．会计人员记账标记　　　　　D．原始凭证附件

6. 限额领料单是一种（　　）。
   A．一次凭证　　B．累计凭证　　C．单式凭证　　D．汇总凭证

7. 企业原材料明细账通常采用的格式是（　　）。
   A．卡片式　　　B．多栏式　　　C．数量金额式　　D．三栏式

8. 下列对账工作，属于账实核对的是（　　）。
   A．总分类账与序时账核对
   B．总分类账与所属明细分类账核对
   C．会计部门存货明细分类账与存货保管部门明细分类账核对
   D．银行存款日记账与银行对账单核对

9. 会计人员登账后发现，在分配职工薪酬时，将生产工人的薪酬计入了"管理费用"账户。此时应采用的更正方法是（　　）。
   A．划线更正法　　　　　　　　B．红字更正法
   C．补充登记法　　　　　　　　D．编制相反分录冲减

10. A公司"原材料"账户借方余额200万元，"周转材料"账户借方余额100万元，"材料采购"账户借方余额150万元，"工程物资"账户借方余额100万元，"材料成本差

异"账户借方余额40万元,"存货跌价准备"账户贷方余额10万元。A公司期末资产负债表中"存货"项目应填列的金额为( )万元。

　　A. 400　　　　　B. 480　　　　　C. 500　　　　　D. 350

11. 购买实物的原始凭证,除必须有经办人的签名外,还必须有( )。

　　A. 验收人的证明　　　　　　　B. 本单位公章
　　C. 批准文件　　　　　　　　　D. 付款结算票据

12. 在实际工作中,规模小、业务简单的单位,为了简化会计核算工作,可以使用一种统一格式的( )。

　　A. 转账凭证　　　　　　　　　B. 收款凭证
　　C. 付款凭证　　　　　　　　　D. 通用记账凭证

13. 单位对外提供财务报表的责任主体是( )。

　　A. 会计人员　　　　　　　　　B. 会计机构负责人
　　C. 主管会计　　　　　　　　　D. 单位负责人

14. 某记账凭证的借方科目为"本年利润",贷方科目为"管理费用",则其所附原始凭证为( )。

　　A. 发货票　　　　　　　　　　B. 差旅费报销单
　　C. 转账凭证　　　　　　　　　D. 不需要附原始凭证

15. 总账账簿在年终结账后,账户的年终余额( )。

　　A. 直接计入下一年度启用的有关新账簿中
　　B. 无须转入下一年度启用的新账簿中,可以继续使用旧账簿
　　C. 需编制记账凭证,将其转入下一年度启用的新账簿中
　　D. 需编制自制原始凭证,将其转入下一年度启用的新账簿中

16. 下列会计凭证中,属于外来原始凭证的是( )。

　　A. 限额领料单　　　　　　　　B. 工资计算单
　　C. 差旅费报销单　　　　　　　D. 职工出差的火车票

17. 自制原始凭证与外来原始凭证具有( )。

　　A. 同等效力　　　　　　　　　B. 不同等效力
　　C. 自制原始凭证有更大效力　　D. 外来原始凭证有更大效力

18. 下列项目中,需要根据总分类账户和明细分类账户的余额分析计算填列资产负债表的是( )。

　　A. 货币资金　　　　　　　　　B. 固定资产
　　C. 应收票据　　　　　　　　　D. 存货

19. 下列项目中,横线登记式明细分类账适用于( )的明细核算。

　　A. 应收账款　　B. 原材料　　C. 生产成本　　D. 在途物资

20. 2019年11月,恒大公司购进一批货物,款项已付,并取得了供货方开具的增值税专用发票一张。按照原始凭证来源不同的分类原则,恒大公司取得的增值税专用发票

属于( )。

  A. 一次凭证   B. 累计凭证

  C. 外来原始凭证   D. 自制原始凭证

21. 会计小刘在开具商业发票时发生了金额错误,应当( )。

  A. 重新填制

  B. 更正处加盖公章

  C. 更正处加盖更正人员印章

  D. 更正处加盖更正人员印章和公章

22. 绿营公司采用通用记账凭证记账。会计小张在编制第 46 号记账凭证时,用两张记账凭证才能填完一笔经济业务。该笔经济业务的凭证编号是( )。

  A. 转字第 46 号,转字第 47 号

  B. 记字第 46 号,记字第 47 号

  C. 转字第 46(1/2)号,转字第 46(2/2)号

  D. 记字第 46(1/2)号,记字第 46(2/2)号

23. 填制原始凭证时,"¥458.00"的大写金额规范书写是( )。

  A. 人民币肆佰伍拾捌元   B. 人民币肆佰伍拾捌元零分

  C. 人民币肆佰伍拾捌元整   D. 人民币肆佰伍拾捌元零分整

24. 会计小王记账后发现,第 28 号记账凭证记录"5 月 8 日收回应收账款 15 000元",应借、应贷的会计账户并无错误,只是所填金额错记为 1 500 元。他应采用的更正方法是( )。

  A. 划线更正法   B. 备查簿登记法   C. 补充登记法   D. 同行登记法

25. 丰阳公司是一家大型钢铁厂,对于这类规模较大、经济业务较多的企业,为了了解科目对应关系,应该采用下列哪种账务处理程序( )。

  A. 记账凭证财务处理程序   B. 汇总记账凭证财务处理程序

  C. 科目汇总表财务处理程序   D. 记账凭证汇总表财务处理程序

26. 升达公司使用科目汇总表账务处理程序进行记账,2019 年 5 月 1 日至 15 日发生下列收付业务:(1)以现金支付修理费 1 000 元;(2)以银行存款偿还应付账款 11 700元;(3)通过银行收取货款 34 000 元;(4)转让残料取得现金收入 1 300 元,已存入银行。16 日该公司编制了科目汇总表,科目汇总表上银行存款的借方发生额应为( )元。

  A. 35 300   B. 23 600   C. 34 000   D. 35 000

27. 2019 年 12 月 12 日,大明公司仓库被盗,为查明损失公司立即进行盘点。从清查的时间来看,这种财产清查属于( )。

  A. 定期清查   B. 不定期清查   C. 局部清查   D. 全面清查

28. 2019 年 6 月 30 日,万龙经贸有限公司的银行存款日记账账面余额为 234 300元,银行对账单余额为 286 300 元。出纳员逐笔核对时,发现以下未达账项:(1)6 月 27日,银行代付水费 12 000 元,企业尚未入账;(2)6 月 28 日,企业销售商品收到转账支票

一张,金额56 500元,已入账,但尚未到银行办理转账手续;(3) 6月29日,企业用现金支票支付电话费6 000元,持票人尚未到银行取款;(4) 6月29日,银行收到委托代收款114 500元,企业未收到收款通知,尚未入账。根据以上未达账项,出纳员对银行存款进行调节后的余额是(   )元。

  A. 342 800 B. 336 800 C. 330 800 D. 324 800

29. 育新公司发生的如下事项中,应通过"待处理财产损溢"科目核算的有(   )。

  A. 2019年6月,报废一台机床

  B. 2019年7月,一台机器设备因产成品更新换代,不再使用,予以出售

  C. 2019年8月,在财产清查中发现短少电子设备一台

  D. 2019年9月,一辆货运车辆因交通事故,遭到毁损

30. 兴视公司(小规模纳税人)在财产清查中发现,乙材料盘亏450元。经查明,亏损的材料是收发计量造成的损失。经有关部门批准后,该公司应作会计分录为(   )。

  A. 借:待处理财产损溢——待处理流动资产损溢 450
    贷:原材料   450

  B. 借:管理费用   450
    贷:原材料   450

  C. 借:营业外支出   450
    贷:原材料   450

  D. 借:管理费用   450
    贷:待处理财产损溢——待处理流动资产损溢 450

二、多项选择题

1. 明细分类账的格式主要有(   )。

  A. 三栏式 B. 多栏式 C. 数量金额式 D. 横线登记式

2. 期末填制资产负债表时,可以根据某一总分类账户期末余额直接填列的项目有(   )。

  A. 短期借款 B. 实收资本 C. 应收账款 D. 存货

3. 下列经济业务中,应填写转账凭证的是(   )。

  A. 从银行提取现金   B. 企业管理部门领用原材料

  C. 完工产品验收入库   D. 期末结转损益类科目发生额

4. 账簿按照其用途可以分为(   )。

  A. 分类账 B. 备查账 C. 日记账 D. 订本账

5. 财产清查按照清查的范围可以分为(   )。

  A. 全面清查 B. 定期清查 C. 局部清查 D. 不定期清查

6. 可以采用多栏式明细账的账户有(   )。

  A. 管理费用 B. 固定资产 C. 生产成本 D. 应付账款

7. 下列项目中应计入资产负债表中"存货"项目的是(   )。

A. 在途物资　　　B. 发出商品　　　C. 委托加工物资　　D. 周转材料

8. 可以作为登记总分类账直接依据的是(　　)。
   A. 记账凭证　　　　　　　　　B. 原始凭证
   C. 购货合同　　　　　　　　　D. 记账凭证汇总表

9. 企业购入固定资产,价值3 000元,误记入"管理费用"账户,其结果会导致(　　)。
   A. 费用多计3 000元　　　　　B. 资产多计3 000元
   C. 利润少计3 000元　　　　　D. 资产少计3 000元

10. 登记明细分类账的依据有(　　)。
    A. 原始凭证　　　　　　　　　B. 记账凭证
    C. 原始凭证汇总表　　　　　　D. 科目汇总表

11. 对盘亏或毁损的存货报经批准,作出处理后,可能借记(　　)。
    A. "管理费用"账户　　　　　　B. "营业外支出"账户
    C. "其他应收款"账户　　　　　D. "待处理财产损溢"账户

12. 在下列有关账项核对中,属于账账核对的内容是(　　)。
    A. 银行存款日记账余额与银行对账单余额的核对
    B. 银行存款日记账余额与其总分类账余额的核对
    C. 现金日记账余额与其总分类账余额的核对
    D. 总分类账中全部账户的借方期末余额合计数与贷方期末余额合计数的核对

13. 记账凭证账务处理程序、汇总记账凭证账务处理程序和科目汇总表账务处理程序应共同遵循的程序有(　　)。
    A. 根据原始凭证、汇总原始凭证和记账凭证,登记各种明细分类账
    B. 根据记账凭证逐笔登记总分类账
    C. 期末,库存现金日记账、银行存款日记账和明细分类账的余额与有关总分类账的余额核对相符
    D. 根据总分类账和明细分类账的记录,编制会计报表

14. 臻美日化公司2019年7月8日正式营业,会计李娜建账时选用的账本有三栏式、多栏式和数量金额式三种。其中,可以选用三栏式明细账的有(　　)。
    A. 生产成本明细账　　　　　　B. 实收资本明细账
    C. 应收账款明细账　　　　　　D. 原材料明细账

15. 出纳小王负责方圆公司的日常现金收支、银行存款收支和库存现金日记账、银行存款日记账的登记工作。小王在登记库存现金日记账时,可以作为记账依据的有(　　)。
    A. 库存现金收款凭证　　　　　B. 库存现金付款凭证
    C. 银行存款收款凭证　　　　　D. 银行存款付款凭证

16. 5月25日,大成公司的出纳小张从银行提取现金5 000元,此项业务应在以下哪

些账簿中登记( )。
    A. 库存现金日记账   B. 银行存款日记账
    C. 总分类账   D. 明细分类账

17. 汇兴股份有限公司是一家大型企业,业务量大,采用汇总记账凭证账务处理程序进行账务处理。该公司采用汇总记账凭证账务处理程序的优点有( )。
    A. 总分类账能反映账户的对应关系,便于对经济业务进行分析和检查
    B. 减少登记总分类账的工作量
    C. 月份内借方科目的转账凭证不多时,可减少核算工作量
    D. 有利于对全部账户的发生额进行试算平衡

18. 育新公司2019年度发生下列事项,其中需要进行财产全面清查的有( )。
    A. 2月4日,更换财产物资保管员
    B. 5月5日,由于放假,产成品仓库被盗
    C. 10月1日,公司经营不善,被大华公司兼并,面临改制
    D. 12月31日,准备编制本年度财务报告

19. 记账凭证的编制依据可以是( )。
    A. 一次凭证   B. 汇总原始凭证
    C. 收付款凭证   D. 累计凭证

20. 企业材料核算按实际成本计价,购入材料一批,货款通过银行存款支付,材料已验收入库,则涉及的会计凭证包括( )。
    A. 收款凭证   B. 付款凭证   C. 转账凭证   D. 收料单

三、判断题

1. 各种账务处理程序的区别就在于登记总分类账的依据不同。( )
2. 不论企业的存货核算是采用永续盘存制还是实地盘存制,都需要进行实地盘点。( )
3. 原始凭证不能作为记账依据,只有整理审核后的记账凭证才可以作为记账依据。( )
4. 对于遗失的原始凭证而又无法取得证明的,如火车票等,可由当事人写出详细情况,经单位负责人批准后,代作原始凭证。( )
5. 资产负债表中"预收款项"项目,应根据"应收账款"和"预收账款"总分类账户所属各明细分类账户的期末借方余额合计填列。( )
6. 利润表是反映企业某一特定日期财务状况的会计报表。( )
7. 所有的会计凭证都是既可以据以登记总分类账,又可以据以登记明细分类账。( )
8. 红字更正法是在错误的文字或数字上划一红线注销,然后在其上端用蓝字填写正确的文字或数字,并由记账人员加盖图章,以明确责任。( )
9. 科目汇总表又称记账凭证汇总表,是汇总记账凭证账务处理程序中登记总分类账

的依据。（　　）

10．李华是新意公司的主管会计，他认为本公司的所有财产清查事项，都要通过"待处理财产损溢"账户进行账务处理。（　　）

11．企业银行存款账面余额与银行对账单余额因未达账项而存在差额时，应按照银行存款余额调节表调整银行存款日记账。（　　）

12．科目汇总表账务处理程序能减轻登记总分类账的工作量，且便于了解账户之间的对应关系。（　　）

13．在财产物资清查中发现账实不符时，应当调整账存数。（　　）

14．“实存账存对比表”是调整账簿记录的原始凭证。（　　）

15．原始凭证可以由非财会部门和人员填制，但记账凭证只能由财会部门和人员填制。（　　）

16．采用实地盘存制，对各项存货的收入、发出和结存不必随时记账，可以简化会计核算工作。（　　）

17．2019年4月，天达公司从大明公司购进一批材料，取得了大明公司开具的增值税专用发票。材料到达后验收入库，仓库保管员制作了"材料验收入库单"。会计人员认为，上述原始凭证都属于外来原始凭证。（　　）

18．会计小王认为，费用、成本等明细账应当设置为三栏式账簿。（　　）

19．华丰公司是一家大型化工材料生产公司，生产品种达50多种，而财务部门人员少，主管会计小王决定每10天编制一次科目汇总表，而后据以登记总分类账，这样就减少了会计核算的工作量，便于分析经济业务的来龙去脉。（　　）

20．光明公司对财产物资的盘存实行永续盘存制。2019年12月1日，原材料明细分类账的月初结存数量为70吨，余额为17 500元；本月购进200吨，金额为50 000元；本月发出150吨，金额为37 500元；月末结存数量为120吨，余额为30 000元。因此，永续盘存制不需要在期末进行实物盘点。（　　）

四、业务题

资料：A股份有限公司（以下简称"A公司"）为增值税一般纳税人，适用的增值税税率为13%，企业所得税税率为25%。假定不考虑其他相关税费。A公司主要生产和销售甲产品，原材料按实际成本核算，在销售时逐笔结转销售成本。2019年度，A公司相关经济业务和事项如下：

（1）2月5日，销售甲产品一批，该批产品的实际成本为60万元，增值税专用发票上注明的货款为100万元，增值税税额为13万元。产品已经发出，提货单已经交给买方，买方用银行存款支付增值税13万元，对货款部分开具了一张面值为100万元、期限为4个月的不带息商业承兑汇票。

（2）5月10日，销售甲产品一批，该批产品的实际成本为300万元，增值税专用发票上注明的货款为600万元，增值税税额为78万元。产品已经发出，货款和增值税已经收到并存入银行。

（3）本年度生产产品领用原材料300万元,生产车间领用原材料60万元,企业管理部门领用原材料20万元。

（4）10月3日,销售原材料一批,该批原材料的实际成本为18万元,增值税专用发票上注明的货款为20万元,增值税税额为2.6万元。原材料已经发出,货款和增值税已经收到并存入银行。

（5）分配本年度工资200万元,其中生产工人工资100万元,车间管理人员工资40万元,企业管理人员工资40万元,在建工程人员工资20万元。假定不考虑应付福利费。

（6）本年度计提固定资产折旧100万元,其中计入制造费用70万元,计入管理费用30万元。

（7）本年度用银行存款支付本期发生的广告费用6万元、销售商品过程中发生的运输费14万元(不考虑增值税)、计入当期损益的利息费用及银行手续费合计4万元。

（8）本年度用银行存款缴纳增值税65万元、企业所得税35万元。

（9）计算并确认本年应交所得税。假定不存在所得税纳税调整因素。

（10）将本年度的损益类科目结转至"本年利润"科目。

要求：

（1）编制A公司上述经济业务和事项的会计分录。

（2）编制A公司2019年度的利润表。

注："应交税费"科目要求写出明细科目和专栏名称,答案中的金额单位用万元表示。

第三部分
实　训

实训一 收款凭证、付款凭证的填制和日记账的登记

一、实训目的

（一）巩固所学知识

1. 掌握业务所涉及的外来原始凭证的审核和自制原始凭证的编制。
2. 掌握业务所涉及的收款凭证、付款凭证的编制。
3. 掌握库存现金日记账、银行存款日记账的登记。

（二）提高会计操作技能

本实训模拟了企业的主要会计活动：从原始凭证的填制与审核、记账凭证的填制与审核到特种日记账的登记。通过本实训可提高学生的动手能力和会计实务操作能力。

二、实训资料

（一）所需准备资料

收款凭证4张、付款凭证6张、库存现金日记账1张、银行存款日记账1张。

（二）原始资料及相关要求

青岛北方股份有限公司2019年12月初"库存现金"账户的余额为1 200元，"银行存款"账户的余额为200 000元，12月发生如下经济业务：

（1）1日，从银行提取现金2 000元，作为零星支出备用。有关原始凭证见表Ⅰ-1-1。

（2）4日，采购员王宏出差预借差旅费800元，以现金付讫。有关原始凭证见表Ⅰ-2-1。

（3）5日，接到银行收款通知，宏达公司归还前欠货款60 000元存入银行。有关原始凭证见表Ⅰ-3-1。

（4）6日，接到银行收款通知，向银行申请短期借款50 000元，已批准并划存企业银行存款账户。有关原始凭证见表Ⅰ-4-1和表Ⅰ-4-2。

（5）8日，购入甲材料一批，取得增值税专用发票，货款100 000元，税款13 000元。材料尚未运达，款项已通过银行存款支付。有关原始凭证见表Ⅰ-5-1和表Ⅰ-5-2。

（6）10日，公司管理部门购买办公用品650元，以现金支付。有关原始凭证见表Ⅰ-6-1。

（7）13日，采购员王宏出差回来，报销交回多余现金200元。有关原始凭证见表Ⅰ-7-1。

（8）20日，用银行存款支付办公楼的房屋修缮费2 200元。有关原始凭证见表Ⅰ-8-1和表Ⅰ-8-2。

（9）23日，以银行存款支付广告费15 000元，取得增值税普通发票。有关原始凭证见表Ⅰ-9-1和表Ⅰ-9-2。

(10) 28 日,收到公司员工李强迟到的罚款收入现金 100 元。有关原始凭证见表Ⅰ-10-1 和表Ⅰ-10-2。

要求:

(1) 根据以上资料编制收款凭证、付款凭证。

(2) 登记库存现金日记账。

(3) 登记银行存款日记账。

实训二　转账凭证的填制和总分类账的登记

一、实训目的

（一）巩固所学知识

1. 掌握业务所涉及的外来原始凭证的审核和自制原始凭证的编制。
2. 掌握业务所涉及的转账凭证的编制。
3. 掌握总分类账的登记。

（二）提高会计操作技能

本实训模拟了企业的主要会计实务活动:根据记账凭证逐笔登记总分类账。通过本实训可提高学生的动手能力和会计实务操作能力。

二、实训资料

（一）所需准备资料

转账凭证 10 张,三栏式总分类账 8 张。

（二）原始资料及相关要求

青岛北方股份有限公司 2019 年 12 月初部分账户期初余额如下:"原材料"账户余额为 360 000 元,"应付账款"账户余额为 160 000 元,"库存商品"账户余额为 70 000 元,"生产成本"账户余额为 835 000 元,"预付账款"账户借方余额为 67 800 元,"实收资本"账户余额为 815 200 元。12 月发生如下经济业务:

（1）3 日,从宏达公司购入甲材料 4 000 千克,单价 20 元/千克,取得增值税专用发票,货款 80 000 元,增值税进项税额 10 400 元。对方代垫运杂费 600 元,取得增值税普通发票。材料尚在运输途中,货款尚未支付。有关原始凭证见表Ⅱ-1-1 和表Ⅱ-1-2。

（2）8 日,从光大公司购入乙、丙材料,取得增值税专用发票。发票所列乙材料 3 000 千克,单价 50 元/千克,增值税进项税额 19 500 元;丙材料 2 000 千克,单价 40 元/千克,增值税进项税额 10 400 元;开出 259 900 元银行承兑汇票一张抵付货款,材料尚未到达。有关原始凭证见表Ⅱ-2-1 和表Ⅱ-2-2。

（3）16 日,从宏达公司购入的甲材料运达企业并验收入库。有关原始凭证见表Ⅱ-3-1。

（4）20 日,从光大公司购入的乙材料运达企业并验收入库。有关原始凭证见表Ⅱ-4-1。

（5）23 日,从光大公司购入的丙材料运达企业并验收入库。有关原始凭证见表Ⅱ-5-1。

（6）25 日,上月预付给大华公司 67 800 元购买丁材料,现到货,买价 60 000 元,增值税进项税额 7 800 元,材料已验收入库。有关原始凭证见表Ⅱ-6-1 和表Ⅱ-6-2。

（7）26 日,生产车间生产 A 产品领用甲材料 1 000 千克,单价 20 元/千克;领用乙材料 500 千克,单价 50 元/千克。有关原始凭证见表Ⅱ-7-1。

（8）27日，生产B产品领用丙材料500千克，单价40元/千克。有关原始凭证见表Ⅱ-8-1。

（9）31日，本月完工A产品100件，单位成本为5 000元/件，结转入库。有关原始凭证见表Ⅱ-9-1和表Ⅱ-9-2。

（10）31日，本月完工B产品50件，单位成本为8 000元/件，结转入库。有关原始凭证见表Ⅱ-10-1和表Ⅱ-10-2。

要求：

（1）根据以上资料编制转账凭证。

（2）根据转账凭证逐笔登记相关总分类账。

实训三　综 合 实 训

一、实训目的

（一）巩固所学知识

1. 掌握总分类账的设置。
2. 掌握业务所涉及的外来原始凭证的审核和自制原始凭证的编制。
3. 掌握业务所涉及的收款凭证、付款凭证和转账凭证的编制。
4. 掌握科目汇总表的编制。
5. 掌握总分类账的登记。
6. 掌握资产负债表和利润表的编制。

（二）提高会计操作技能

本实训模拟了企业的主要会计活动：从总分类账的设置、原始凭证的填制与审核、记账凭证的填制与审核、科目汇总表的编制、总分类账的登记到资产负债表和利润表的编制。通过本实训可提高学生的动手能力和会计实务操作能力。

二、实训资料

（一）所需准备资料

收款凭证4张、付款凭证9张、转账凭证18张、科目汇总表1张、总分类账账页32张，资产负债表1张，利润表1张。

（二）原始资料及相关要求

青岛北方股份有限公司2019年12月1日总分类账及有关明细分类账账户余额如下表所示：

总分类账和有关明细分类账账户期初余额表

2019年12月1日　　　　　　　　　　　　　　　　　　　　　　　　　　　单位：元

账户名称	借方余额	贷方余额
库存现金	980	
银行存款	1 635 400	
应收账款	1 073 630	
——星海公司	873 630	
——南方公司	200 000	
应收票据	5 000	
其他应收款	3 000	
原材料	257 090	

单位:元(续表)

账户名称	借方余额	贷方余额
库存商品	260 000	
固定资产	2 206 900	
累计折旧		700 510
应付票据		30 000
应付账款		114 750
——海华公司		74 750
——洪峰公司		40 000
应付职工薪酬		70 062
应交税费		99 000
应付利息		31 600
生产成本		
制造费用		
实收资本		4 100 000
资本公积		9 478
盈余公积		186 600
本年利润		
利润分配		100 000
合计	5 442 000	5 442 000

青岛北方股份有限公司2019年12月发生如下经济业务:

(1)1日,购入一台生产用不需要安装的设备,取得增值税专用发票,买价72 000元,增值税进项税额9 360元;发生运杂费1 200元,取得增值税普通发票;款项已通过银行存款支付。有关原始凭证见表Ⅲ-1-1、表Ⅲ-1-2、表Ⅲ-1-3和表Ⅲ-1-4。

(2)3日,购入甲材料一批,取得增值税专用发票,货款10 000元,税款1 300元。款项已通过银行存款支付,材料尚未到达。有关原始凭证见表Ⅲ-2-1和表Ⅲ-2-2。

(3)4日,购买办公用品200元,以库存现金支付。有关原始凭证见表Ⅲ-3-1。

(4)6日,收到罚款收入1 000元。有关原始凭证见表Ⅲ-4-1和表Ⅲ-4-2。

(5)8日,从海望公司购入乙材料一批,取得增值税专用发票,货款250 000元,税款32 500元。材料尚未到达,款项尚未支付。有关原始凭证见表Ⅲ-5-1。

(6)9日,采购员王涛因公出差预借差旅费800元。有关原始凭证见表Ⅲ-6-1。

(7)10日,仓库发出材料一批,名称、数量、金额和用途如下表所示。有关原始凭证见表Ⅲ-7-1、表Ⅲ-7-2、表Ⅲ-7-3和表Ⅲ-7-4。

材料耗用汇总表

用途		甲材料			乙材料			合计（元）
		数量（千克）	单价（元/千克）	金额（元）	数量（千克）	单价（元/千克）	金额（元）	
生产产品耗用	A产品	400	10	4 000	800	100	80 000	84 000
	B产品	300	10	3 000	690	100	69 000	72 000
车间一般耗用		100	10	1 000				1 000
管理部门耗用		20	10	200				200
合计		820	—	8 200	1 490	—	149 000	157 200

（8）12日，以银行存款支付广告费3 000元，取得增值税普通发票。有关原始凭证见表Ⅲ-8-1和表Ⅲ-8-2。

（9）18日，向养老院捐款2 000元，以银行存款支付。有关原始凭证见表Ⅲ-9-1和表Ⅲ-9-2。

（10）20日，销售A产品1 000件，每件单价200元，开出增值税专用发票，货款200 000元，税款26 000元。货物已发出，款项已收到并存入银行。有关原始凭证见表Ⅲ-10-1和表Ⅲ-10-2。

（11）22日，从银行提取现金240 400元并发放职工工资。有关原始凭证见表Ⅲ-11-1和表Ⅲ-11-2。

（12）23日，向华正公司销售B产品1 000件，每件单价100元，开出增值税专用发票，共计100 000元，销项税额13 000元。货物已发出，款项尚未收到。有关原始凭证见表Ⅲ-12-1。

（13）27日，销售给华丰公司乙材料800千克，每千克单价125元，开出增值税专用发票，共计100 000元，销项税额13 000元。收到期限为3个月、面额为113 000元的银行承兑汇票一张。有关原始凭证见表Ⅲ-13-1和表Ⅲ-13-2。

（14）28日，采购员王涛出差归来报销差旅费760元，余款以现金收回。有关原始凭证见表Ⅲ-14-1和表Ⅲ-14-2。

（15）29日，收到华正公司前欠款113 000元，存入银行。有关原始凭证见表Ⅲ-15-1。

（16）31日，结算本月应付职工工资240 400元，其中生产A产品工人工资104 000元，生产B产品工人工资96 000元，车间管理人员工资20 000元，厂部管理人员工资20 400元。有关原始凭证见表Ⅲ-16-1。

（17）31日，根据历史经验数据和实际情况，合理预计本月职工福利费24 040元，其中A产品生产工人10 400元，B产品生产工人9 600元，车间管理人员2 000元，厂部管理人员2 040元。有关原始凭证见表Ⅲ-17-1。

（18）31日，按规定计提本月固定资产折旧25 700元，其中生产车间固定资产折旧17 000元，厂部固定资产折旧8 700元。有关原始凭证见表Ⅲ-18-1。

（19）31 日,将本月发生的制造费用按本月发生的生产工人的工资比率分配计入 A、B 两种产品成本。有关原始凭证见表Ⅲ-19-1。

（20）31 日,结转完工产品总成本,其中 A 产品 2 000 件,B 产品 3 000 件,完工成本分别是 219 200 元和 196 800 元。有关原始凭证见表Ⅲ-20-1、表 Ⅲ-20-2 和表Ⅲ-20-3。

（21）31 日,按本月增值税的 7% 提取城市维护建设税 618.80 元,按 3% 提取教育费附加 265.20 元。有关原始凭证见表Ⅲ-21-1。

（22）31 日,结转本月已售产品的成本,其中 A 产品单位成本 109.60 元/件,B 产品单位成本 65.60 元/件。有关原始凭证见表Ⅲ-22-1。

（23）31 日,结转本月已售材料的成本 80 000 元。有关原始凭证见表 Ⅲ-23-1。

（24）31 日,计提本月短期借款利息 800 元。有关原始凭证见表Ⅲ-24-1。

（25）31 日,以银行存款支付本季度借款利息 2 400 元。有关原始凭证见表Ⅲ-25-1。

（26）31 日,按 25% 的税率计算本月应交企业所得税。有关原始凭证见表 Ⅲ-26-1。

（27）31 日,将本月损益类账户金额转入"本年利润"账户。

（28）31 日,将本月实现的净利润转入"利润分配"账户。

要求：

（1）设置总分类账并将期初余额登记入账。

（2）根据以上资料编制收款凭证、付款凭证、转账凭证。

（3）编制企业 12 月的科目汇总表。

（4）根据收款凭证、付款凭证登记库存现金日记账和银行存款日记账。

（5）根据科目汇总表登记总分类账。

（6）编制企业 12 月的资产负债表和利润表。

第四部分

综合检测

综合检测题一

一、单项选择题(本题共15分,每小题1分)

1. 会计能够按公认的会计准则和制度的要求,通过确认、计量、记录和报告,从数量上综合反映各单位已经发生或完成的经济活动,以达到揭示会计事项的本质、提供财务及其他相关经济信息的目的的功能被称为( )职能。
   A. 会计控制　　　B. 会计预测　　　C. 会计核算　　　D. 会计监督

2. 某公司于2019年8月31日发生下列支出:(1)支付下年度公司员工意外伤害保险费9 600元;(2)确认本月应负担的短期借款利息950元;(3)支付下年度报刊费1 200元。根据权责发生制原则,本月应负担的费用为( )元。
   A. 15 800　　　　B. 950　　　　C. 1 300　　　　D. 11 000

3. 下列选项中,不属于收入要素内容的是( )。
   A. 罚款收入
   B. 出租固定资产取得的收入
   C. 提供劳务取得的收入
   D. 销售商品取得的收入

4. 下列会计账户中,属于损益类账户的是( )。
   A. "本年利润"　　B. "生产成本"　　C. "制造费用"　　D. "所得税费用"

5. 2019年3月,某企业损益类账户的余额如下:营业收入(贷方)55 000元,营业外收入(贷方)5 000元,投资收益(贷方)15 000元,销售费用(借方)3 000元,营业成本(借方)21 000元。则该企业3月份的营业利润为( )元。
   A. 51 000　　　　B. 46 000　　　　C. 31 000　　　　D. 34 000

6. 如果一项经济业务发生后,引起银行存款增加3 000元,则不可能引起( )。
   A. 主营业务收入增加3 000元
   B. 短期借款减少3 000元
   C. 营业外收入增加3 000元
   D. 实收资本增加3 000元

7. 大华公司"原材料"总分类账户下设"甲材料""乙材料"两个明细分类账户。2014年3月末,"原材料"总分类账户为借方余额450 000元,"甲材料"明细分类账户为借方余额200 000元,则"乙材料"明细分类账户为( )。
   A. 借方余额650 000元
   B. 贷方余额250 000元
   C. 借方余额250 000元
   D. 贷方余额650 000元

8. 限额领料单是一种( )。
   A. 一次凭证　　B. 单式凭证　　C. 累计凭证　　D. 汇总凭证

9. 某企业年初所有者权益总额为160万元,当年以其中的资本公积转增资本50万元。当年实现净利润300万元,提取盈余公积30万元,向投资者分配利润20万元。该企业年末所有者权益总额为( )万元。
   A. 360　　　　B. 410　　　　C. 460　　　　D. 440

10. 下列项目中,属于账实核对内容的是( )。
    A. 会计账簿与记账凭证核对
    B. 总分类账与所属明细分类账核对
    C. 原始凭证与记账凭证核对
    D. 银行存款日记账与银行对账单核对

11. 企业开出转账支票1 680元购买办公用品,编制记账凭证时,误记金额为1 860元,科目及方向无误并已记账,应采用的更正方法是( )。
    A. 补充登记180元   B. 红字冲销180元
    C. 在凭证中划线更正   D. 把错误凭证撕掉重编

12. 财产清查是用来检查( )的一种专门方法。
    A. 账证是否相符   B. 账账是否相符
    C. 账表是否相符   D. 账实是否相符

13. 某企业仓库本期期末盘亏原材料700元,原因已查明,属于自然损耗,经批准后,会计人员应编制的会计分录为( )。
    A. 借:待处理财产损溢   700
          贷:原材料   700
    B. 借:待处理财产损溢   700
          贷:管理费用   700
    C. 借:营业外支出   700
          贷:待处理财产损溢   700
    D. 借:管理费用   700
          贷:待处理财产损溢   700

14. 资产负债表中的"存货"项目,应根据( )。
    A. 存货类账户的期末借方余额合计数填列
    B. "原材料"账户的期末借方余额直接填列
    C. "原材料""生产成本"和"库存商品"等账户的期末借方余额之和减去"存货跌价准备"账户余额填列
    D. "原材料""在产品"和"库存商品"等账户的期末借方余额之和填列

15. 科目汇总表账务处理程序下,( )是登记总分类账的直接依据。
    A. 汇总记账凭证   B. 科目汇总表   C. 记账凭证   D. 原始凭证

二、多项选择题(本题共15分,每小题1分)
1. 下列属于会计核算方法的是( )。
    A. 编制会计报表   B. 复式记账   C. 成本计算   D. 财产清查
2. 下列费用中属于期间费用的是( )。
    A. 广告费   B. 短期借款利息
    C. 车间水电费   D. 行政管理人员薪酬

3. 会计恒等式是( )的理论依据。
   A. 设置会计科目   B. 复式记账
   C. 平行登记   D. 编制会计报表
4. 下列税费通过"税金及附加"账户核算的有( )。
   A. 增值税   B. 城市维护建设税
   C. 印花税   D. 教育费附加
5. 下列凭证中,不能作为记账原始依据的有( )。
   A. 购销合同   B. 盘存单   C. 银行对账单   D. 费用预算表
6. 实地盘点法一般适用于( )的清查。
   A. 应付账款   B. 银行存款
   C. 库存现金   D. 各项实物资产
7. 费用的发生可能引起( )。
   A. 所有者权益的减少   B. 所有者权益的增加
   C. 负债的增加   D. 资产的减少
8. 下列经济业务中,会引起会计等式左右两方同时发生增减变化的有( )。
   A. 投资者投入货币资本   B. 以存款归还借款
   C. 收到应收款存入银行   D. 购进材料款未付
9. 下列会计处理体现了谨慎性质量要求的是( )。
   A. 融资租入固定资产视为自有资产   B. 历史成本计量
   C. 应收账款计提坏账准备   D. 固定资产折旧采用加速折旧法
10. 下列属于流动负债的有( )。
    A. 其他应付款   B. 预收账款   C. 预付账款   D. 应付债券
11. 下列错误中,不能通过试算平衡发现的有( )。
    A. 借贷双方同时多记了相等的金额   B. 漏记了某项经济业务
    C. 一项业务只登记了贷方   D. 借贷方向记错,但金额相等
12. 数量金额式明细分类账的账页格式,一般适用于( )明细分类账。
    A. "应付账款"   B. "制造费用"   C. "库存商品"   D. "原材料"
13. 银行存款日记账的登账依据可以是( )。
    A. 现收凭证   B. 现付凭证   C. 银收凭证   D. 银付凭证
14. S公司采用了记账凭证账务处理程序,M公司采用了科目汇总表账务处理程序,这两家公司在账务处理方面的共同点有( )。
    A. 登记日记账的依据相同   B. 登记总分类账的依据相同
    C. 编制记账凭证的依据相同   D. 编制会计报表的依据相同
15. 订本账一般适用于( )。
    A. 总分类账   B. 明细分类账   C. 日记账   D. 备查账

三、判断题(本题共15分,每小题1分)

1. 企业用银行存款偿还银行短期借款。这笔经济业务的发生导致企业的现金流出,从而导致企业的所有者权益减少。(   )

2. 企业处置固定资产发生的净损失,应确认为企业的损失,计入营业外支出。(   )

3. 2019年5月,红星公司向长城公司预订一辆运输卡车,将于2020年5月1日交付使用,货款已付。会计王新可以于2019年5月将该运输卡车确认为公司的资产。(   )

4. 科目汇总表是根据一定期间的记账凭证汇总并填制的,因此科目汇总表是一种自制的累计会计凭证。(   )

5. 会计等式揭示了会计要素之间的内在联系,是设置账户、复式记账、编制会计报表的基础。(   )

6. 任何一项经济业务的发生都会引起资产或权益的增减变化,但始终保持"资产=权益"这一平衡关系,因此一项资产的增加,必然引起另一项权益的等额增加。(   )

7. 实质重于形式是指企业应当按照交易或事项的经济实质进行会计核算,而不应当仅仅以它们的法律形式为会计核算的依据。(   )

8. 原始凭证记载的各项内容不得涂改。若原始凭证的内容有错误,则应当由出具单位重开;若原始凭证的金额有错误,则应当由出具单位重开或更正,更正处加盖单位印章。(   )

9. 总分类账和明细分类账的平行登记,是指对每项经济业务既要记入总分类账户,又要记入明细分类账户。(   )

10. 采用记账凭证账务处理程序,登记账簿的工作量大,其适用于规模较大、经济业务较复杂的企业。(   )

11. 银行存款日记账与银行对账单的余额不一致主要是记账错误和未达账项造成的。(   )

12. "累计折旧""坏账准备"账户均为备抵调整账户。(   )

13. 留存收益可以用于转增资本金,也可以用于弥补亏损。(   )

14. 根据账户记录编制试算平衡表以后,如果所有账户的借方发生额同所有账户的贷方发生额相等,则说明账簿记录一定是正确的。(   )

15. 当期已实现的收入和已发生或应当负担的费用,无论款项是否收付都应当作为当期的收入和费用计入利润表是收付实现制的要求。(   )

四、填空题(本题共8分,每小题1分)

要求:在空格中填写专业英语词汇。

1. 收付实现制(   )   2. 资产(   )
3. 流动负债(   )   4. 费用(   )
5. 所有者权益(   )   6. 应付账款(   )
7. 利润(   )   8. 利润表(   )

五、综合业务题(本题共47分。其中,第一题40分,第二题7分)

1. **资料**:凯普公司2019年12月发生如下经济业务:

(1)1日,购入一台生产用需要安装的设备,取得增值税专用发票,价款80 000元,增值税税率为13%;发生运杂费2 000元,取得增值税普通发票。款项已通过银行存款支付。

(2)3日,购入甲材料一批,取得增值税专用发票,货款30 000元,税款3 900元,款项已通过银行存款支付,材料尚未到达。

(3)6日,收到临安公司违约罚款1 000元,存入银行。

(4)9日,采购员李冰因公出差,预借差旅费2 000元。

(5)10日,仓库发出材料一批,名称、数量、金额和用途如下表所示。

材料耗用汇总表

用途		甲材料			乙材料			合计（元）
		数量（千克）	单价（元/千克）	金额（元）	数量（千克）	单价（元/千克）	金额（元）	
生产产品耗用	A产品	400	10	4 000	800	100	80 000	84 000
	B产品	300	10	3 000	690	100	69 000	72 000
车间一般耗用		100	10	1 000				1 000
管理部门耗用		20	10	200				200
合计		820	—	8 200	1 490	—	149 000	157 200

(6)12日,以银行存款支付广告费3 000元,取得增值税普通发票。

(7)18日,向希望工程捐款5 000元,以银行存款支付。

(8)20日,向莆田公司销售A产品2 000件,每件单价200元,开出增值税专用发票,货款400 000元,税款52 000元。货物已发出,款项尚未收到。

(9)27日,销售给华丰公司乙材料800千克,开出增值税专用发票,售价共计120 000元,销项税额为15 600元。收到期限为3个月、票面金额为135 600元的银行承兑汇票一张。

(10)28日,采购员李冰出差回来报销差旅费1 680元,余款以现金收回。

(11)31日,结算本月应付职工的工资360 800元,其中生产A产品工人工资168 000元,生产B产品工人工资132 000元,车间管理人员工资40 000元,厂部管理人员工资20 800元。

(12)31日,根据实际情况,确认本月职工福利费,其中A产品生产工人16 800元,B产品生产工人13 200元,车间管理人员4 000元,厂部管理人员2 080元。

(13)31日,按规定计提本月固定资产折旧23 780元,其中生产车间固定资产折旧15 000元,厂部固定资产折旧8 780元。

（14）31日，将本月发生的制造费用按本月发生的生产工人的工资比率分配计入A、B两种产品的成本。

（15）31日，结转完工产品总成本，其中A产品2 000件、B产品3 000件，完工成本分别是260 200元和200 800元。

（16）31日，按本月应缴纳增值税的7%提取城市维护建设税4 879元，按3%提取教育费附加2 091元。

（17）31日，结转本月已售产品的成本。其中，A产品单位成本为128.60元。

（18）31日，结转本月已售材料的成本90 000元。

（19）31日，计提本月短期借款利息1 800元。

（20）31日，财产清查中发现盘亏设备一台，账面原值50 000元，已提折旧20 000元，经批准后转销。

（21）31日，将本月损益类账户金额转入"本年利润"账户。

（22）31日，按25%的税率计算本月应交企业所得税，并转入本年利润（不考虑纳税调整因素）。

要求：根据上述资料编制会计分录。

注："在途物资""原材料""应付账款""应收账款""其他应收款""生产成本""库存商品""应交税费""应付职工薪酬"等账户需带明细分类账户。

2. **资料**：艾丽公司2019年12月31日总分类账户和有关明细分类账户的期末余额如下表所示。

总分类账户和有关明细分类账户期末余额表

2019年12月31日　　　　　　　　　　　　　　　　　　　　　　　　　　　单位：元

资产账户	借或贷	余额	负债和所有者权益账户	借或贷	余额
库存现金	借	3 850	短期借款	贷	291 840
银行存款	借	1 109 900	应付票据	贷	18 000
应收票据	借	17 425	应付账款	贷	71 400
应收账款	借	76 100	——丙	贷	73 000
——甲	借	79 805	——丁	借	1 600
——乙	贷	3 705	预收账款		
预付账款	借	35 840	——C	贷	13 000
——A	借	36 000	其他应付款	贷	7 370
——B	贷	160	应付职工薪酬	贷	6 000
生产成本	借	4 500	应交税费	贷	29 000
原材料	借	813 000	长期借款	贷	567 000

单位:元(续表)

资产账户	借或贷	余额	负债和所有者权益账户	借或贷	余额
库存商品	借	75 727	其中:一年内到期		185 000
固定资产	借	2 838 000	实收资本	贷	2 770 000
累计折旧	贷	983 920	资本公积	贷	101 200
无形资产	借	17 300	盈余公积	贷	89 951
			利润分配		
			——未分配利润	贷	42 961
合　计		4 007 722	合　计		4 007 722

要求:根据上述资料计算资产负债表下列项目的金额:

(1) 货币资金;

(2) 应收票据及应收账款;

(3) 预收款项;

(4) 存货;

(5) 固定资产;

(6) 应付票据及应付账款;

(7) 预付款项。

综合检测题二

一、单项选择题(本题共15分,每小题1分)

1. (　　)界定了从事会计工作和提供会计信息的空间范围。
   A. 会计职能　　　B. 会计对象　　　C. 会计内容　　　D. 会计主体

2. 下列属于企业流动资产的有(　　)。
   A. 应付账款　　　　　　　　B. 预付账款
   C. 预收账款　　　　　　　　D. 债权投资

3. 下列说法中,不正确的是(　　)。
   A. 所有者权益反映了所有者对企业资产的剩余索取权
   B. 所有者权益的金额等于资产减去负债后的金额
   C. 所有者权益也称股东权益
   D. 所有者权益包括实收资本(或股本)、资本公积、盈余公积、应付股利等

4. "应交税费"账户按照经济内容分类不同,属于(　　)类账户。
   A. 所有者权益　　B. 负债　　　　　C. 成本　　　　　D. 损益

5. 某公司购进材料一批,买价30 000元,运杂费1 200元,入库前挑选整理费800元,增值税进项税额3 900元。该批材料的采购成本是(　　)元。
   A. 30 800　　　　B. 31 200　　　　C. 32 000　　　　D. 5 900

6. 大华公司"应付账款"总分类账户下设"M公司"和"N公司"两个明细分类账户。2020年2月末,"应付账款"总分类账户为贷方余额64 000元,"M公司"明细分类账户为贷方余额70 000元,则"N公司"明细分类账户为(　　)。
   A. 贷方余额134 000元　　　　B. 借方余额134 000元
   C. 借方余额6 000元　　　　　D. 贷方余额6 000元

7. 甲公司2019年10月1日资产总额为300万元,本月发生下列经济业务:赊购材料10万元;用银行存款偿还短期借款20万元;收到购货单位偿还的欠款15万元存入银行。该企业月末资产总额为(　　)万元。
   A. 310　　　　　B. 290　　　　　C. 295　　　　　D. 305

8. 年末所有损益类账户的余额均为零,表明(　　)。
   A. 当年利润一定是零
   B. 损益类账户在结账时均已转入"本年利润"账户
   C. 当年利润一定是负数
   D. 当年利润一定是正数

9. 记账之后,发现记账凭证中将20 000元误写为2 000元,会计科目名称及应记方向无误,应采用的错账更正方法是(　　)。

A. 划线更正法 B. 红字更正法
C. 补充登记法 D. 差数调整法

10. 下列单据中属于外来原始凭证的是（　　）。
    A. 银行对账单 B. 运输发票
    C. 制造费用分配表 D. 材料入库单

11. 下列选项中,不能作为会计核算的原始凭证的是（　　）。
    A. 销售发票 B. 银行存款余额调节表
    C. 现金收据 D. 差旅费报销单

12. W公司采用专用记账凭证记账。会计小李在编制第46号记账凭证时,用两张记账凭证才能填完一笔经济业务。该笔经济业务的凭证编号是（　　）。
    A. 转字第46号,转字第47号
    B. 记字第46号,记字第47号
    C. 转字第46(1/2)号,转字第46(2/2)号
    D. 记字第46(1/2)号,记字第46(2/2)号

13. 下列对账工作中,属于账实核对的是（　　）。
    A. 银行存款日记账与银行对账单核对
    B. 总分类账与所属明细分类账核对
    C. 会计部门的财产物资明细分类账与财产物资保管部门的有关明细分类账核对
    D. 总分类账与日记账核对

14. 盘盈的固定资产经批准后,一般应记入（　　）账户。
    A. "营业外收入" B. "以前年度损益调整"
    C. "投资收益" D. "其他业务收入"

15. 资产负债表中,"应收票据及应收账款"项目应根据（　　）填列。
    A. "应收账款"总分类账户的期末余额和"应收票据"总分类账户的期末余额
    B. "应收票据"账户期末余额、"应收账款"和"预收账款"总分类账户所属各明细分类账户期末借方余额合计数
    C. "应收账款"总分类账户所属各明细分类账户期末贷方余额合计数
    D. "应收账款"总分类账户所属各明细分类账户期末借方余额合计数

二、多项选择题(本题共15分,每小题1分)

1. 下列属于会计核算方法的是（　　）。
    A. 登记账簿 B. 持续经营
    C. 填制和审核凭证 D. 编制会计报表

2. 资产负债表中"应付账款"项目应根据下列（　　）所属明细分类账户的贷方余额分析填列。

A. 应收账款　　　B. 应付账款　　　C. 预收账款　　　D. 预付账款

3. 下列经济业务中,会导致一项资产增加,一项资产减少的有(　　)。
   A. 以银行存款购买专利权　　　B. 支付投资者现金股利
   C. 银行承兑汇票到期收到票款　　　D. 以银行存款偿还前欠货款

4. 下列项目中属于资产要素特点的有(　　)。
   A. 必须是过去的交易或事项形成的　　　B. 必须是有形的
   C. 必须预期会给企业带来经济利益　　　D. 必须是企业拥有或控制的资源

5. 企业的留存收益包括(　　)。
   A. 资本公积　　　B. 未分配利润　　　C. 盈余公积　　　D. 实收资本

6. 三栏式账页格式,一般适用于(　　)。
   A. 总账　　　B. 债权明细账　　　C. 债务明细账　　　D. 存货明细账

7. 收入的实现可能引起(　　)。
   A. 所有者权益的减少　　　B. 所有者权益的增加
   C. 负债的减少　　　D. 资产的增加

8. 下列项目中属于期间费用的是(　　)。
   A. 产品展览费　　　B. 银行承兑手续费
   C. 车间办公费　　　D. 行政管理人员工资

9. 会计恒等式是(　　)的理论依据。
   A. 编制会计报表　　　B. 试算平衡　　　C. 复式记账　　　D. 设置会计科目

10. 库存现金日记账的登账依据可以是(　　)。
    A. 现收凭证　　　B. 现付凭证　　　C. 银收凭证　　　D. 银付凭证

11. 科目汇总表账务处理程序适用于(　　)的单位。
    A. 经营规模较大　　　B. 收支业务较多
    C. 经济业务较多　　　D. 需要反映账户对应关系

12. 下列核算中不通过"待处理财产损溢"账户核算的有(　　)。
    A. 确实无法偿还的应付账款　　　B. 盘盈的原材料
    C. 盘盈的库存现金　　　D. 确认无法收回的应收账款

13. 企业年终决算前进行的财产清查属于(　　)。
    A. 全面清查　　　B. 局部清查　　　C. 定期清查　　　D. 不定期清查

14. 下列项目中,直接计入利润的利得和损失包括(　　)。
    A. 固定资产的盘亏　　　B. 公益性捐赠支出
    C. 罚款收入　　　D. 业务招待费

15. 下列税费不通过"税金及附加"账户核算的有(　　)。
    A. 增值税　　　B. 城市维护建设税
    C. 教育费附加　　　D. 所得税

三、判断题(本题共 15 分,每题 1 分)

1. 账户的基本结构分为左、右两个方向,左方登记增加额,右方登记减少额。(   )
2. 永续盘存制是一种较为完善的财产盘存制度,采用该制度的单位不必再对财产物资进行实地盘点。(   )
3. 对于未达账项,企业可以根据银行存款余额调节表登记账簿,从而调整账簿记录。(   )
4. 主营业务收入和其他业务收入均属于收入。(   )
5. 企业存货盘亏、毁损的净损失一律记入"管理费用"科目。(   )
6. 年末结转后"利润分配——未分配利润"账户的借方余额即为企业历年积存的未分配利润。(   )
7. 补充登记法适用于记账后,发现记账凭证应借、应贷的账户对应关系正确,但所记金额小于应记金额的情况。(   )
8. 我国目前使用的会计科目是由财政部统一规定的,企业不得自行增设、合并和删减。(   )
9. 记账凭证账务处理程序、汇总记账凭证账务处理程序、科目汇总表账务处理程序的不同之处在于登记总分类账的依据和程序不同。(   )
10. 平行登记是指对每项经济业务都以相同的金额在两个或两个以上相互联系的账户中登记的一种记账方式。(   )
11. 会计科目与账户都是对会计对象具体内容的科学分类,两者口径一致,性质相同,具有相同的格式和结构。(   )
12. 发生额试算平衡公式的理论依据是借贷记账法的记账规则,余额试算平衡公式的理论依据是会计平衡式。(   )
13. 所有者权益是企业所有者在企业资产中享有的经济利益,其金额为企业的资产总额。(   )
14. 对每一项经济业务,记入总分类账户的同时必须记入明细分类账户。(   )
15. 对于填制有误的原始凭证,应由原开具单位更正并加盖印章,金额错误的必须重新开具。(   )

四、填空题(本题共 8 分,每小题 1 分)

要求:在空格中填写专业英语词汇。

1. 权责发生制(   )   2. 负债(   )
3. 流动资产(   )   4. 收入(   )
5. 所得税费用(   )   6. 应收账款(   )
7. 长期借款(   )   8. 资产负债表(   )

五、综合业务题(本题共 47 分。其中,第一题 35 分,第二题 12 分)

1. 大地股份有限公司(以下简称"大地公司")为增值税一般纳税人,适用的增值税税率为 13%,所得税税率为 25%。假定不考虑其他相关税费。大地公司主要生产和销售甲产品。原材料按实际成本核算。在销售时逐笔结转销售成本。2019 年度,大地公司相关经济业务和事项如下:

(1) 2 月 5 日,销售甲产品一批,该批产品的实际成本为 50 万元,增值税专用发票上注明的货款为 100 万元,增值税税额为 13 万元。产品已经发出,提货单已经交给买方,买方用银行存款支付增值税 13 万元,对货款部分开具了一张面值为 100 万元、期限为 4 个月的不带息商业承兑汇票。

(2) 5 月 10 日,销售甲产品一批,增值税专用发票上注明的货款为 600 万元,增值税税额为 78 万元。产品已经发出,货款和增值税已经收到并存入银行,该批产品的实际成本为 300 万元。

(3) 本年度生产产品领用原材料 300 万元,生产车间领用原材料 60 万元,企业管理部门领用原材料 20 万元,销售机构领用原材料 10 万元。

(4) 10 月 3 日,销售原材料一批,该批原材料的实际成本为 18 万元,增值税专用发票上注明的货款为 20 万元,增值税为 2.6 万元。原材料已经发出,货款和增值税已经收到并存入银行。

(5) 10 月 25 日,收到 M 公司交来的罚款 2 万元,存入银行。

(6) 分配本年度工资 200 万元,其中生产工人工资 100 万元,车间管理人员工资 40 万元,企业管理人员工资 40 万元,销售机构人员工资 20 万元。假定不考虑应付福利费。

(7) 本年度计提固定资产折旧 100 万元,其中车间计提 70 万元,管理部门计提 30 万元。

(8) 本年度用银行存款支付本期发生的广告费用 6 万元、销售商品过程中发生的运输费 14 万元(不考虑增值税)、计入当期损益的利息费用及银行手续费合计 4 万元。

(9) 11 月 15 日,开出支票向养老院捐款 10 万元。

(10) 计算本年度应交城市维护建设税 3.5 万元,应交教育费附加 1.5 万元。

(11) 计算并确认本年度应交企业所得税。假定不存在所得税纳税调整因素。

(12) 将本年度的损益类账户结转至"本年利润"账户。

要求:

(1) 编制大地公司上述业务和事项的会计分录。

(2) 编制大地公司 2019 年度的利润表。

注:答案中的金额单位用万元表示。

利润表

会企 02 表

编制单位：　　　　　　　　　　　　　___年___月　　　　　　　　　　　　　单位：万元

项目	本期金额	上期金额
一、营业收入		
减：营业成本		
税金及附加		
销售费用		
管理费用		
研发费用		
财务费用		
其中：利息费用		
利息收入		
资产减值损失		
信用减值损失		
加：其他收益		
投资收益（损失以"－"号填列）		
其中：对联营企业和合营企业的投资收益		
净敞口套期收益（损失以"－"号填列）		
公允价值变动收益（损失以"－"号填列）		
资产处置收益（损失以"－"号填列）		
二、营业利润（亏损以"－"号填列）		
加：营业外收入		
减：营业外支出		
三、利润总额（亏损总额以"－"号填列）		
减：所得税费用		
四、净利润（净亏损以"－"号填列）		
（一）持续经营净利润（净亏损以"－"号填列）		
（二）终止经营净利润（净亏损以"－"号填列）		
五、其他综合收益的税后净额		
（一）不能重分类进损益的其他综合收益		
1. 重新计量设定受益计划变动额		
2. 权益法下不能转损益的其他综合收益		
3. 其他权益工具投资公允价值变动		
4. 企业自身信用风险公允价值变动		
……		
（二）将重分类进损益的其他综合收益		
1. 权益法下可转损益的其他综合收益		
2. 其他债权投资公允价值变动		
3. 金融资产重分类计入其他综合收益的金额		
4. 其他债权投资信用减值准备		
5. 现金流量套期储备		

单位：万元（续表）

项目	本期金额	上期金额
6. 外币财务报表折算差额		
……		
六、综合收益总额		
七、每股收益：		
（一）基本每股收益		
（二）稀释每股收益		

2. **资料**：2019年12月，永利公司发生如下经济业务：

（1）采购员王珊出差回来报销差旅费1 800元，退回多余现金200元，以结清其预支款。

（2）购入生产用需要安装的机器设备一台，取得增值税专用发票，买价150 000元，增值税19 500元；支付运杂费2 500元，另付保险费1 500元，取得增值税普通发票。全部款项以银行存款支付。

（3）向大地公司购入B材料1 000千克，单价5元，C材料2 000千克，单价10元，取得增值税专用发票，增值税税率为13%；另付运杂费1 200元（采购费用按外购材料重量比例分配），取得增值税普通发票，材料尚未到达，全部款项以银行存款支付。

（4）向银行借入为期1年的借款600 000元，存入银行。假定年借款利率为8%，计算确认本月的借款利息。

（5）财产清查发现A材料盘亏1 800千克，单价2元。经查明，属于定额内损耗的有500千克；属于过失人责任，应由过失人赔偿的有120千克；属于自然灾害造成损失的有1 180千克，其中由保险公司赔偿1 200元。

要求：编制永利公司上述经济业务的会计分录。

第五部分
实训附表

实训一 附表

表 I-1-1

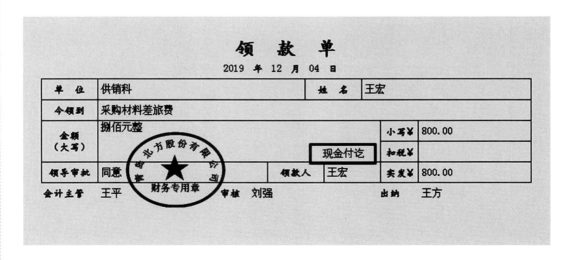

表 I-2-1

表 I-3-1

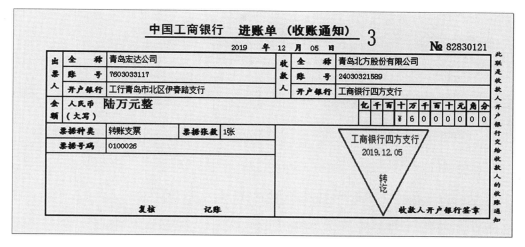

表 I-4-1

借 款 合 同

合同编号：62725573

经 ___青岛北方股份有限公司___（以下简称贷款方）与 ___中国工商银行___（以下简称借款方）充分协商，签订本合同，共同遵守。

第一、由贷款方提供贷款人民币大写 ___伍万元整___（￥50,000.00）给借款方，贷款期限自 2019 年 12 月 06 日至 2020 年 03 月 06 日。

第二、贷款方应按期、按额向借款方提供贷款，否则，按违约数额和延期天数，付给借款方违约金。违约金数额的计算，与逾期贷款罚息相同，即为 ___0.5‰___。

第三、贷款月利率为银行同期月利率 ___6%___，每月 _____ 号结息，如遇调整，按调整的新利率和计息办法执行。

第四、借款方应按协议使用贷款，不得转移用途。否则，贷款方有权停止发放新贷款，直至收回已发放的贷款。

第五、借款方保证按借款契约所订期限归还贷款本息。如需延期，借款方最迟在贷款到期前 _____ 天，提出延期申请，经贷款方同意，办理延期手续。但延期最长不得超过原订期限的一半。贷款方未同意延期或未办理延期手续的逾期贷款，加收罚息。

第六、贷款到期后 _1_ 个月，如借款方不归还贷款，贷款方有权依照法律程序处理借款方作为贷款抵押的的物资和财产，抵还借款本息。

第七、本协议书一式 _2_ 份，借贷款双方各执正本 _1_ 份。自双方签字起即生效。

......

第十一、合同争议的解决方式

本合同在履行过程中发生的争议，由借贷双方协商解决；协商不成的依法向人民法院提起诉讼。

贷款方：青岛北方股份有限公司   借款方：

法定代表人：王明   法定代表人：

签订日期： 2019 年 12 月 06 日   签订日期： 2019 年 12 月 06 日

表 I-4-2

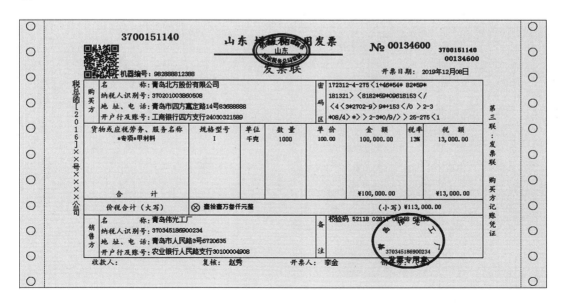

表 I-5-1

表 I-5-2

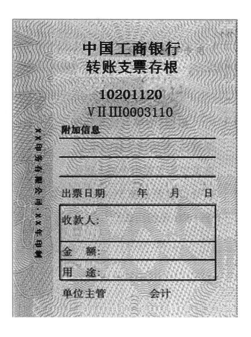

表 I-6-1

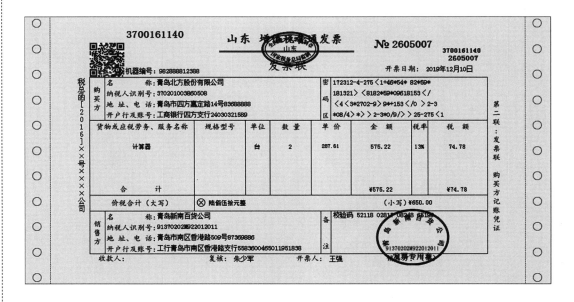

表 I-7-1

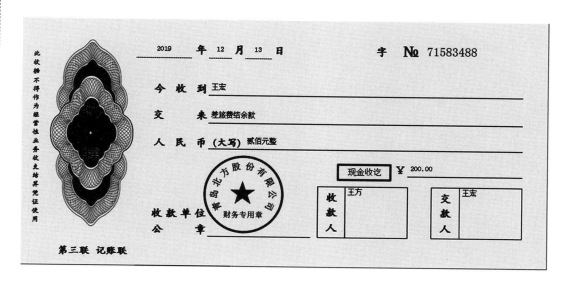

表 I-8-1

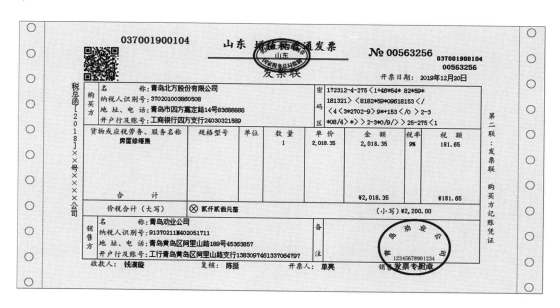

表 I-8-2

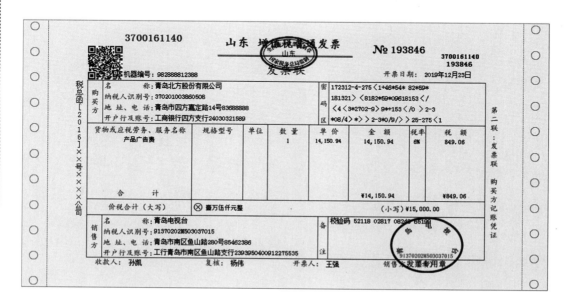

表 I-9-1

表 I-9-2

中国工商银行
转账支票存根

10203720
VIIIII0003112

附加信息

出票日期　年　月　日

收款人：
金　额：
用　途：

单位主管　　会计

表 I-10-1

青岛北方股份有限公司罚款通知单

财务科：
　　公司文员李强上班无故迟到，按照公司规定，对其罚款100.00元。

办公室

2019年12月28日

（盖章）

表 I-10-2

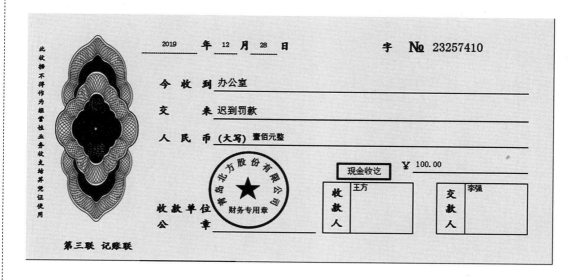

实训二 附表

表Ⅱ-1-1

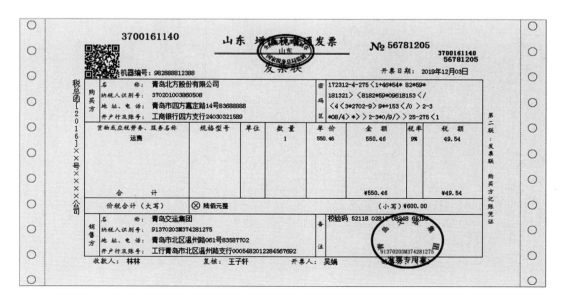

表Ⅱ-1-2

表 Ⅱ-2-1

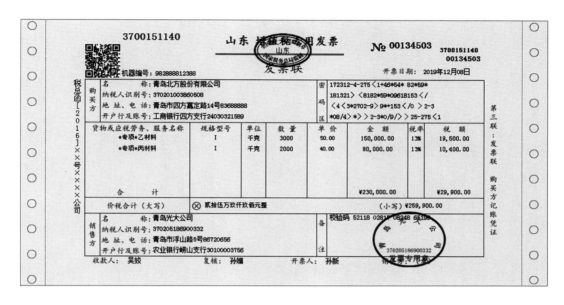

表 Ⅱ-2-2

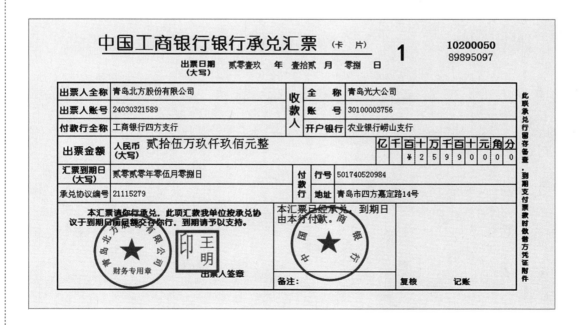

表 II-3-1

材料入库单

发票号码：00134600
供应单位：青岛宏达公司 收料单编号：3
收发类别：采购入库 2019 年 12 月 16 日 收料仓库：材料库

编号	名称	规格	单位	数量		实际成本				
				应收	实收	买价		运杂费	其他	合计
						单价	金额			
601	甲材料		千克	4000	4000	20.00	80,000.00	600.00		80,600.00
	合	计		4000	4000		¥80,000.00	¥600.00		¥80,600.00
	备	注								

采购员：赵武　　检验员：刘苏　　记账员：邓玲　　保管员：刘苏

表 II-4-1

材料入库单

发票号码：00134503
供应单位：青岛光大公司 收料单编号：4
收发类别：采购入库 2019 年 12 月 20 日 收料仓库：材料库

编号	名称	规格	单位	数量		实际成本				
				应收	实收	买价		运杂费	其他	合计
						单价	金额			
602	乙材料		千克	3000	3000	50.00	150,000.00			150,000.00
	合	计		3000	3000		¥150,000.00			¥150,000.00
	备	注								

采购员：赵武　　检验员：刘苏　　记账员：邓玲　　保管员：刘苏

第五部分 实训附表

表 II-5-1

材料入库单

发票号码：00134503
供应单位：青岛光大公司　　　　　　　　　　　　　　　　　　　　收料单编号：5
收发类别：采购入库　　　　　　2019 年 12 月 23 日　　　　　　　收料仓库：材料库

编号	名称	规格	单位	数量		实际成本				
						买价				
				应收	实收	单价	金额	运杂费	其他	合计
603	丙材料		千克	2000	2000	40.00	80,000.00			80,000.00
	合　计			2000	2000		¥80,000.00			¥80,000.00
	备　注									

采购员：赵武　　　　检验员：刘苏　　　　记账员：邓玲　　　　保管员：刘苏

表 II-6-1

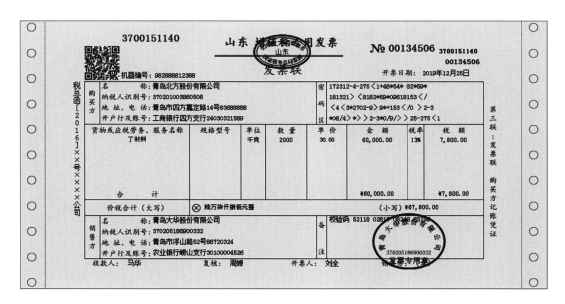

表 II-6-2

材料入库单

发票号码：00134506
供应单位：青岛大华股份有限公司
收发类别：采购入库

收料单编号：6
收料仓库：材料库

2019 年 12 月 25 日

编号	名称	规格	单位	数量		实际成本				
				应收	实收	买价		运杂费	其他	合计
						单价	金额			
604	丁材料		千克	2000	2000	30.00	60,000.00			60,000.00
	合 计			2000	2000		¥60,000.00			¥60,000.00
	备 注									

采购员：林凡　　检验员：刘苏　　记账员：邓玲　　保管员：刘苏

表 II-7-1

领 料 单

领料部门：一车间
用　途：A产品

2019 年 12 月 26 日　　编号：A02

材料编号	材料名称	规格	计量单位	数量		成本	
				请领	实发	单价	金额
601	甲材料		千克	1000	1000	20.00	20,000.00
602	乙材料		千克.	500	500	50.00	25,000.00
	合 计			1500	1500		¥45,000.00

主管：李平　　记账：刘强　　仓管主管：刘学东　　领料：王洪　　发料：刘晓

表 Ⅱ-8-1

领 料 单

领料部门：二车间
用　途：B产品　　　　　　2019 年 12 月 27 日　　　　　编号：B08

材料编号	材料名称	规格	计量单位	数量 请领	数量 实发	成本 单价	成本 金额
603	丙材料		千克	500	500	40.00	20,000.00
	合　　计			500	500		¥20,000.00

主管：李平　　　记账：刘强　　　仓管主管：刘学东　　　领料：王洪　　　发料：刘晓

表 Ⅱ-9-1

产品成本计算单

完工产品 A产品 100件
2019 年 12 月 31 日　　　　在产品

摘要	直接材料	直接人工	制造费用	合计
月初在产品成本				
本月发生费用	460,000.00	200,000.00	180,000.00	840,000.00
月末在产品成本	210,000.00	50,000.00	80,000.00	340,000.00
完工产品成本	250,000.00	150,000.00	100,000.00	500,000.00
完工产品单位成本	2500	1500	1000	5000

审核：李平　　　　　　　　　　　　　　　　　制表：刘强

表 Ⅱ-9-2

产成品入库单

交库单位：生产一车间　　2019 年 12 月 31 日　　仓库：成品仓　编号：7

产品编号	产品名称	规格	计量单位	数量 送检	数量 实收	单位成本	总成本	备注
101	A产品	I	件	100	100	5000.00	500000.00	

仓库主管：林凡　　保管员：武钢　　记账：董华　　制单：刘苏

表 Ⅱ-10-1

产品成本计算单

完工产品 B产品 50件

2019 年 12 月 31 日　　在产品

摘要	直接材料	直接人工	制造费用	合计
月初在产品成本				
本月发生费用	380,000.00	260,000.00	210,000.00	850,000.00
月末在产品成本	230,000.00	60,000.00	160,000.00	450,000.00
完工产品成本	150,000.00	200,000.00	50,000.00	400,000.00
完工产品单位成本	3000	4000	1000	8000

审核：李平　　　　　　　　　　　制表：刘强

表 Ⅱ-10-2

产成品入库单

交库单位：生产二车间　　2019 年 12 月 31 日　　仓库：成品仓　编号：8

产品编号	产品名称	规格	计量单位	数量		单位成本	总成本	备注
				送检	实收			
201	B产品	Ⅱ	件	50	50	8000.00	400000.00	

仓库主管：林凡　　保管员：　　记账：　　制单：

实训三　附表

表Ⅲ-1-1

山东增值税专用发票　No 00178602

机器编号：982888812388　　　开票日期：2019年12月01日

购买方：
- 名称：青岛北方股份有限公司
- 纳税人识别号：370201003860508
- 地址、电话：青岛市四方嘉定路14号83688888
- 开户行及账号：工商银行四方支行24030321589

密码区：
172312-4-275<1*46*54* 82*59*
181321> <8182*59*09618153</
< 4*3*2702-9>9**153</0 >2-3
08/4>> 2-3*0/9/> >25-275<1

货物或应税劳务、服务名称	规格型号	单位	数量	单价	金额	税率	税额
包装机		台	1	72,000.00	72,000.00	13%	9,360.00
合　计					¥72,000.00		¥9,360.00

价税合计（大写）　⊗ 捌万壹仟叁佰陆拾元整　　（小写）¥81,360.00

销售方：
- 名称：青岛正义冷暖设备有限公司
- 纳税人识别号：370201003825618
- 地址、电话：青岛市淄川路23号5224634
- 开户行及账号：工行青岛李沧区夏庄路路支行0199935629763804611

备注：校验码 52118 02815 08248 85195

收款人：孙紫　　复核：刘英　　开票人：王娟　　销售方：（章）

表Ⅲ-1-2

固定资产验收单

2019 年 12 月 01 日　　　　编号：101

名称	规格型号	来源	数量	购（造）价	使用年限	预计残值
包装机		外购	1	72,000.00	8	
安装费	月折旧率	建造单位		交工日期	附件	
				2019年12月01日		
验收部门	设备科	验收人员	李毅	管理部门	生产车间	管理人员	赵鹏
备注	购入固定资产						

审核：李平　　制单：刘强

表Ⅲ-1-3

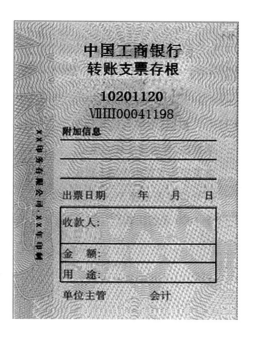

表Ⅲ-1-4

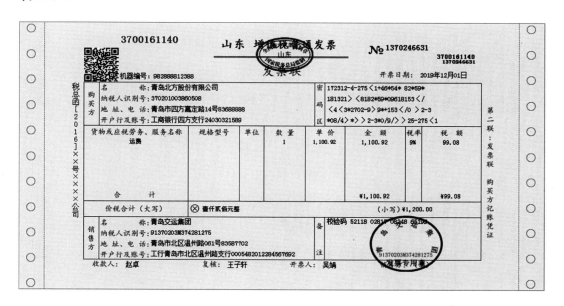

表Ⅲ-2-1

表Ⅲ-2-2

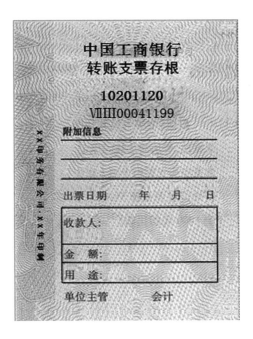

表Ⅲ-3-1

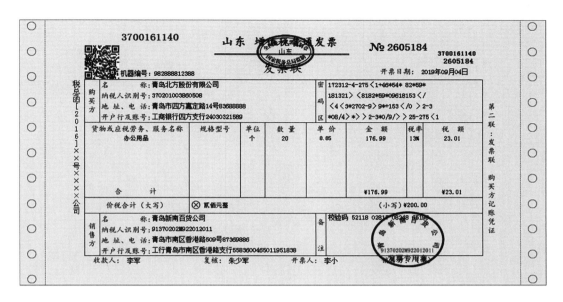

表Ⅲ-4-1

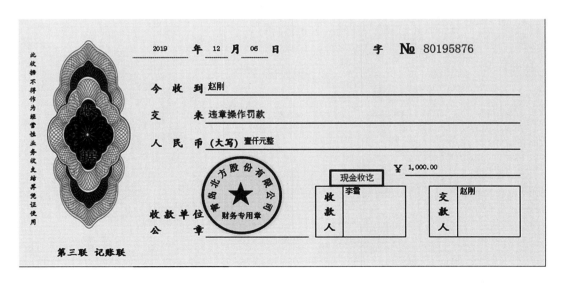

表Ⅲ-4-2

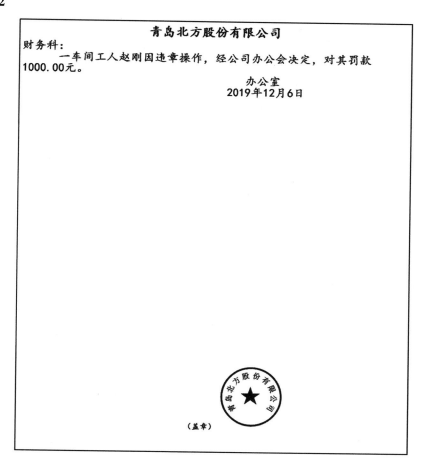

表Ⅲ-5-1

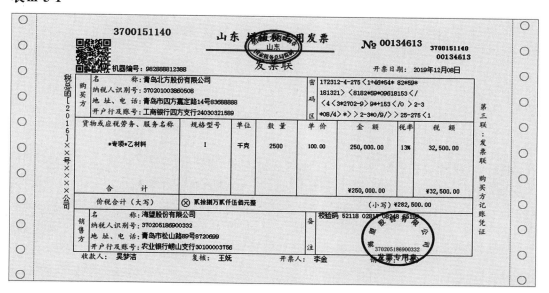

表Ⅲ-6-1

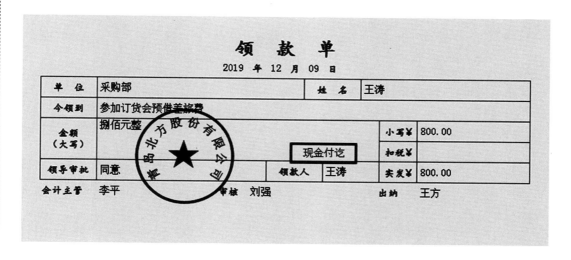

表Ⅲ-7-1

领 料 单

领料部门：一车间
用　途：生产A产品　　　　2019 年 12 月 10 日　　　　编号：018

材料编号	材料名称	规格	计量单位	数量 请领	数量 实发	成本 单价	成本 金额
601	甲材料		千克	400	400	10.00	4,000.00
602	乙材料		千克	800	800	100.00	80,000.00
	合　计			1200	1200		¥84,000.00

主管：李平　　记账：刘强　　仓管主管：朔刘学东田　　领料：王洪　　发料：刘晓

第二联 记账联

表Ⅲ-7-2

领 料 单

领料部门：二车间
用　途：生产B产品　　　2019 年 12 月 10 日　　　编号：019

材料编号	材料名称	规格	计量单位	数量 请领	数量 实发	成本 单价	成本 金额
601	甲材料		千克	300	300	10.00	3,000.00
602	乙材料		千克	690	690	100.00	69,000.00
合　计				990	990		¥72,000.00

主管：李平　　记账：刘强　　仓管主管：刘学东　　领料：王洪　　发料：刘晓

第二联　记账联

表Ⅲ-7-3

领 料 单

领料部门：一车间
用　途：修理　　　2019 年 12 月 10 日　　　编号：020

材料编号	材料名称	规格	计量单位	数量 请领	数量 实发	成本 单价	成本 金额
601	甲材料		千克	100	100	10.00	1,000.00
合　计				100	100		¥1,000.00

主管：李平　　记账：刘强　　仓管主管：刘学东　　领料：王洪　　发料：刘晓

第二联　记账联

表Ⅲ-7-4

领料部门：厂部								
用　途：修理　　　　2019 年 12 月 10 日　　　　编号：021								
材料编号	材料名称	规格	计量单位	数量		成本		
				请领	实发	单价	金额	
601	甲材料		千克	20	20	10.00	200.00	
合　计				20	20		¥200.00	
主管：李平　　　记账：刘强　　　仓管主管：刘学东　　　领料：王洪　　　发料：刘晓								

表Ⅲ-8-1

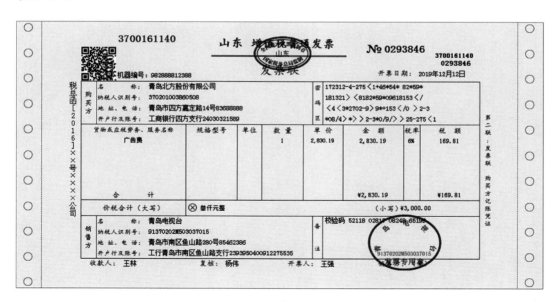

表Ⅲ-8-2

中国工商银行
转账支票存根

10203720
VIII00041201

附加信息

出票日期　　年　　月　　日

收款人：

金　额：

用　途：

单位主管　　会计

表Ⅲ-9-1

中国工商银行
转账支票存根

10203720
VIII00041202

附加信息

出票日期　　年　　月　　日

收款人：

金　额：

用　途：

单位主管　　会计

表Ⅲ-9-2

青岛夕阳红养老院 收款收据　　No: 27318746
2019 年 12 月 18 日

交款单位或个人	青岛北方股价有限公司				
款项内容	捐赠			收款方式	转账支票
人民币（大写）	贰仟元整			¥	2,000.00
收款单位盖章	（青岛夕阳红养老院 财务专用章）	收款人签字	杨伟	经办人	马良

第三联 记账联

表Ⅲ-10-1

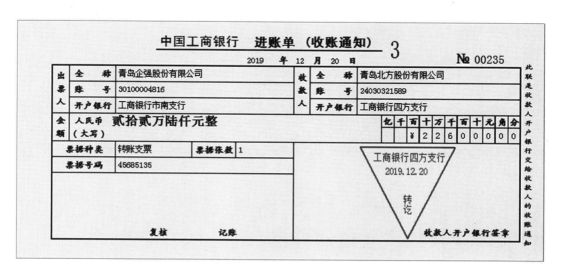

表Ⅲ-10-2

山东增值税专用发票 №00177200

发票代码：3700151140 发票号码：00177200
开票日期：2019年12月20日

购买方	名称：青岛企强股份有限公司 纳税人识别号：370502006829658 地址、电话：青岛市南区盟塘峡路970号6723759 开户行及账号：工商银行市南支行30100004816			密码区	172312-4-275〈1+46*54* 82*59* 181321〉〈8182*59*09618153〈/ 〈4〈3*2702-9〉9**153〈/0 〉2-3 *08/4〉*〉〉2-3*0/9/〉〉25-275〈1	
货物或应税劳务、服务名称	规格型号	单位	数量	单价	金额	税率	税额
A产品	I型	件	1000	200.00	200,000.00	13%	26,000.00
合　计					¥200,000.00		¥26,000.00
价税合计（大写）	⊗ 贰拾贰万陆仟元整				（小写）¥226,000.00		
销售方	名称：青岛北方股份有限公司 纳税人识别号：370201003860508 地址、电话：青岛市四方嘉定路14号83688888 开户行及账号：工商银行四方支行24030321589			备注	校验码 52118 02917 09848 65199		
收款人：	复核：刘强		开票人：王方		销售方：（章）		

表Ⅲ-11-1

工资汇总表

2019 年 12 月 22 日　　　　　　　单位：元

部 门	应付工资	代扣款项						实发工资
		养老保险（ ）	医疗保险（ ）	失业保险（ ）	住房公积金（ ）	个人所得税	合 计	
车间A产品工人	104,000.00	0.00	0.00	0.00	0.00		0.00	104,000.00
车间B产品工人	96,000.00	0.00	0.00	0.00	0.00		0.00	96,000.00
车间管理人员	20,000.00	0.00	0.00	0.00	0.00		0.00	20,000.00
厂部管理人员	20,400.00	0.00	0.00	0.00	0.00		0.00	20,400.00
合 计	240,400.00	0.00	0.00	0.00	0.00		0.00	240,400.00

总经理：王明　　　　　　财务主管：李平　　　　　　制表：刘强

表Ⅲ-11-2

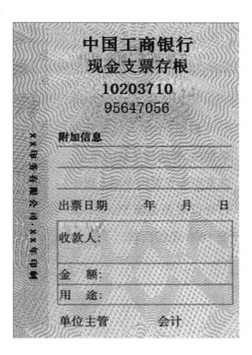

表Ⅲ-12-1

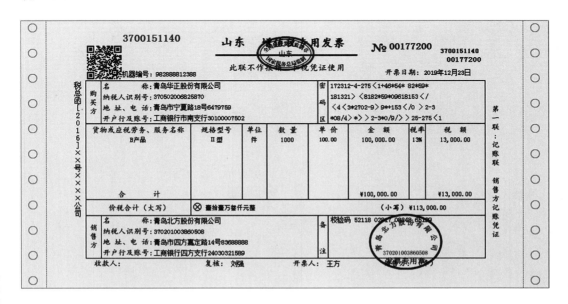

表Ⅲ-13-1

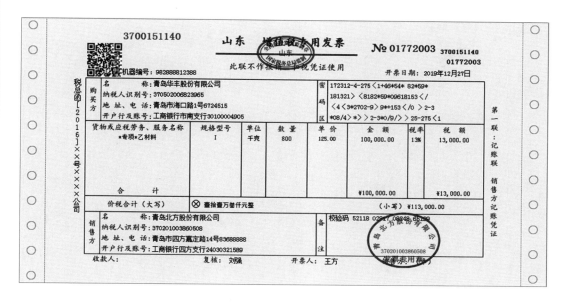

表Ⅲ-13-2

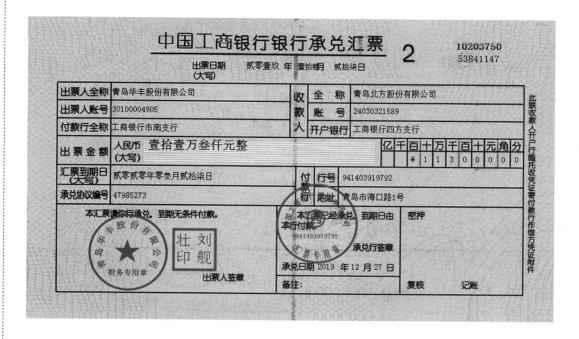

表Ⅲ-14-1

差 旅 费 报 销 单

部门 采购部　　　　　　　　　　　2019 年 12 月 28 日

出差人	王涛					出差事由		参加订货会				
出发			到达			交通 工具	交通费		出差补贴		其他费用	
月日	时	地点	月日	时	地点		单据 张数	金额	天数	金额	项目	单据张数	金额
12 08		青岛	12 28		济南			102.00			住宿费		658.00
											市内车费		
											邮电费		
											办公用品费		
											不买卧铺补贴		
											其他		
合 计								¥102.00					¥658.00

附件 3 张

报销总额	人民币(大写) 柒佰陆拾元整	预借金额	¥800.00	补领金额	
				退还金额	¥40.00

主管 李平　　　　审核 李平　　　　出纳 王方　　　　领款人 王涛

表Ⅲ-14-2

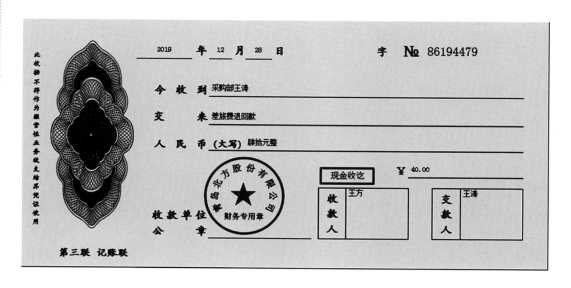
第三联 记账联

表Ⅲ-15-1

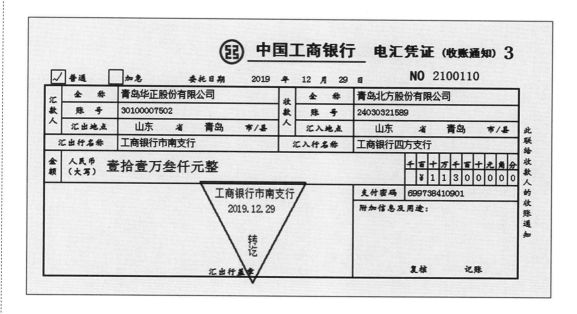

表Ⅲ-16-1

工资费用分配表

2019 年 12 月 31 日

应借账户		成本项目	应付工资	分配标准（生产工时）	分配率	分配金额
生产成本	A产品	一车间	200,000.00			104,000.00
	B产品	二车间				96,000.00
制造费用		车间管理人员	20,000.00			20,000.00
管理费用		厂部管理人员	20,400.00			20,400.00
合 计			240,400.00			240,400.00

审核：李平　　　　　　　　　　　制表：刘强

147

表Ⅲ-17-1

职工福利费计提表
2019年12月31日　　　　　　　　　　　　　　　　　单位：元

应借科目	车间、部门	职工福利费
生产成本	一车间A产品	10,400
	二车间B产品	9,600
	小计	20,000
制造费用	车间管理人员	2,000
管理费用	厂部管理人员	2,040
合计		24,040

表Ⅲ-18-1

固定资产折旧汇总表
2019年12月31日　　　　　　　　　　　　　　　　　单位：元

使用部门	类别	原值	月折旧率或单位折旧	折旧额
生产车间		1,700,000.00	0.01	17,000.00
厂部		87,000.00	0.10	8,700.00
合计				25,700.00

审核：李平　　　　　　　　　　　　　制单：刘强

表Ⅲ-19-1

制造费用分配表

车间： 　　　　　　　　2019 年 12 月 31 日

产品名称	分配标准（工资　）	分配总额	分配率	分配金额
A产品	104,000	40,000.00	0.2	20,800.00
B产品	96,000		0.2	19,200.00
合计	200,000	40,000.00	0.2	40,000.00

制表：胡剑　　　　　　　　　　审核：王平

表Ⅲ-20-1

产品成本计算单

完工产品 A产品：2000件

2019 年 12 月 31 日　　在产品 0

摘要	直接材料	直接人工	制造费用	合计
月初在产品成本	0.00	0.00	0.00	0.00
本月发生费用	84,000.00	114,400.00	20,800.00	219,200.00
月末在产品成本	0.00	0.00	0.00	0.00
完工产品成本	84,000.00	114,400.00	20,800.00	219,200.00
完工产品单位成本	42.00	57.20	10.40	109.6

审核：李平　　　　　　　　　　制表：刘强

表Ⅲ-20-2

产品成本计算单

完工产品 B产品：3000
2019 年 12 月 31 日　在产品 0

摘要	直接材料	直接人工	制造费用	合计
月初在产品成本	0.00	0.00	0.00	0.00
本月发生费用	72,000.00	105,600.00	19,200.00	196,800.00
月末在产品成本	0.00	0.00	0.00	0.00
完工产品成本	72,000.00	105,600.00	19,200.00	196,800.00
完工产品单位成本	24.00	35.2	6.40	65.6

审核：李平　　　　制表：刘强

表Ⅲ-20-3

产成品入库单

仓库：成品仓
交库单位：一、二车间　　2019 年 12 月 31 日　　编号：0031

产品编号	产品名称	规格	计量单位	数量 送检	数量 实收	单位成本	总成本	备注
101	A产品	Ⅰ型	件	2000	2000	109.60	219,200.00	
102	B产品	Ⅱ型	件	3000	3000	65.60	196,800.00	

仓库主管：胡丽　　保管员：郭子涵　　记账：刘强　　制单：郭子涵

第二联　记账联

表Ⅲ-21-1

税金及附加计算表

2019 年 12 月 31 日　　　　　　　　单位：元

项目	计提基数			计提比例	计提金额
	增值税	消费税	合计		
城市维护建设税	8,840.00		8,840.00	7%	618.80
教育费附加	8,840.00		8,840.00	3%	265.20
地方教育费附加					

审核：李平　　　　　　　　　　　　　制表：刘强

表Ⅲ-22-1

销售成本汇总表

2019 年 12 月 31 日　　　　　　　　单位：元

产品名称	销售数量	单位成本	销售成本
A产品	1000	109.60	109,600.00
B产品	1000	65.60	65,600.00
合计	2000		175,200.00

审核：李平　　　　　　　　　　　　　制单：刘强

表Ⅲ-23-1

销售成本汇总表

2019 年 12 月 31 日　　　　　　　　　　　　单位：元

产品名称	销售数量	单位成本	销售成本
乙材料	800	100	80,000.00
合　计	800		80,000.00

审核：李平　　　　　　　　制单：刘强

表Ⅲ-24-1

银行借款利息计算表

2019 年 12 月 31 日

借款名称	借款金额	计息月份	借款利率	借款利息
短期借款	160,000.00	2019.12	6‰	800.00
	合　计			800.00

会计主管：李平　　　　　制单：刘强　　　　　复核：李平

表Ⅲ-25-1

中国工商银行　　（贷款）利息转账专用传票

2019 年 12 月 31 日　　　　字第 698392 号

收入利息单位	名称	工商银行四方支行		支付利息单位	名称	青岛北方股份有限公司	第一联 存款利息付款通知联
	账号	10200040			账号	24030321589	
利息金额	人民币（大写）	贰仟肆佰元整		亿千百十万千百十元角分 ¥ 2 4 0 0 0 0			
计息存/贷户账号		24030321589		上列利息金额已知悉从你单位结算账户支付。 2019.12.31 转讫			
计算利息起讫时间	2019 年 10 月 01 日起						
	2019 年 12 月 31 日止						
计息基数：		利率(年)： 6%					
备注：				开户银行盖章			
单位主管：曹望　　会计：段帅　　复核：王法　　制单：赵曾							

表Ⅲ-26-1

所得税费用计算表

所属日期：自 2019 年 12 月 01 日至 2019 年 12 月 31 日　　　　单位：元

项目	行次	金额

会计主管：李平　　　　　　　　　　　　　制单：刘强

企业所得税年度纳税申报表（A类）

纳税人识别号：370201003860508　　　纳税人名称：青岛北方股份有限公司
所属日期：　　　　至　　　　　　　填表日期：　　　　　　　金额：元（列至角分）

类别	行次	项目	金额
利润总额计算	1	一、营业收入（填附表一）	
	2	减：营业成本（填附表二）	
	3	税金及附加	
	4	销售费用（填附表二）	
	5	管理费用（填附表二）	
	6	财务费用（填附表二）	
	7	资产减值损失	
	8	加：公允价值变动收益	
	9	投资收益	
	10	二、营业利润	
	11	加：营业外收入（填附表一）	
	12	减：营业外支出（填附表二）	
	13	三、利润总额（10+11-12）	
应纳税所得额计算	14	加：纳税调整增加额（填附表三）	
	15	减：纳税调整减少额（填附表三）	
	16	其中：不征税收入	
	17	免税收入	
	18	减计收入	
	19	减、免税项目所得	
	20	加计扣除	
	21	抵扣应纳税所得额	
	22	加：境外应税所得弥补境内亏损	
	23	纳税调整后所得（13+14-15+22）	
	24	减：弥补以前年度亏损（填附表四）	
	25	应纳税所得额	
	26	税率（25%）	
应纳税额计算	27	应纳所得税额（25×26）	
	28	减：减免所得税额（填附表五）	
	29	减：抵免所得税额（填附表五）	
	30	应纳税额（27-28-29）	
	31	加：境外所得应纳所得税额（填附表六）	
	32	减：境外所得抵免所得税额（填附表六）	
	33	实际应纳所得税额（30+31-32）	
	34	减：本年累计实际已预缴的所得税额	
	35	其中：汇总纳税的总机构分摊预缴的税款	
	36	汇总纳税的总机构财政调库预缴的税款	
	37	汇总纳税的总机构所属分支机构分摊预缴的税款	
	38	合并纳税（母子体制）成员企业就地预缴比例	
	39	合并纳税企业就地预缴的所得税额	
	40	本年应补（退）的所得税额（33-34）	
附列资料	41	以前年度多缴的所得税额在本年抵减额	
	42	以前年度应缴未缴在本年入库所得税额	

中华人民共和国企业所得税月(季)度预缴纳税申报表

税款所属时间：　　　年　　月　　日至　　　年　　月　　日
纳税人识别号：
纳税人名称：青岛北方股份有限公司　　　金额单位：人民币元(列至角分)

行次	项目	本期金额	累计金额
1	一、按照实际利润额预缴		
2	营业收入		
3	营业成本		
4	利润总额		
5	加：特定业务计算的应纳税所得额		
6	减：不征税收入		
7	免税收入		
8	减征、免征应纳税所得额		
9	弥补以前年度亏损		
10	实际利润额（4行+5行-6行-7行-8行-9行）		
11	税率(25%)		
12	应纳所得税额		
13	减：减免所得税额		
14	其中：符合条件的小型微利企业减免所得税额		
15	减：实际已预缴所得税额	—	
16	减：特定业务预缴（征）所得税额		
17	应补（退）所得税额（12行-13行-15行-16行）	—	
18	减：以前年度多缴在本期抵缴所得税额		
19	本月（季）实际应补（退）所得税额	—	

谨声明：此纳税申报表是根据《中华人民共和国企业所得税法》《中华人民共和国企业所得税法实施条例》和国家有关税收规定填报的，是真实的、可靠的、完整的。

法定代表人（签字）：　　　　　年　　月　　日

纳税人公章：	代理申报中介机构公章：	主管税务机关受理专用章：
会计主管：	经办人：	申请人：
填表日期：　年　月　日	经办人执业证件号码：	受理日期：　年　月　日
	代理申报日期：　年　月　日	

国家税务总局监制

教辅申请说明

　　北京大学出版社本着"教材优先、学术为本"的出版宗旨，竭诚为广大高等院校师生服务。为更有针对性地提供服务，请您按照以下步骤通过**微信**提交教辅申请，我们会在 1~2 个工作日内将配套教辅资料发送到您的邮箱。

◎扫描下方二维码，或直接微信搜索公众号"北京大学经管书苑"，进行关注；

◎点击菜单栏"在线申请"—"教辅申请"，出现如右下界面：

◎将表格上的信息填写准确、完整后，点击提交；

◎信息核对无误后，教辅资源会及时发送给您；如果填写有问题，工作人员会同您联系。

温馨提示：如果您不使用微信，则可以通过以下联系方式（任选其一），将您的姓名、院校、邮箱及教材使用信息反馈给我们，工作人员会同您进一步联系。

联系方式：

北京大学出版社经济与管理图书事业部
通信地址：北京市海淀区成府路 205 号，100871
电子邮箱：em@pup.cn
电　　话：010-62767312 /62757146
微　　信：北京大学经管书苑（pupembook）
网　　址：www.pup.cn